AQUARIUS

AQUARIUS

AQUARIUS

AQUARIUS

Vision

一些人物，
一些視野，
一些觀點，
與一個全新的遠景！

擺脫
邊緣人生

25則人際攻略，
打造有歸屬感與自我價值的人生

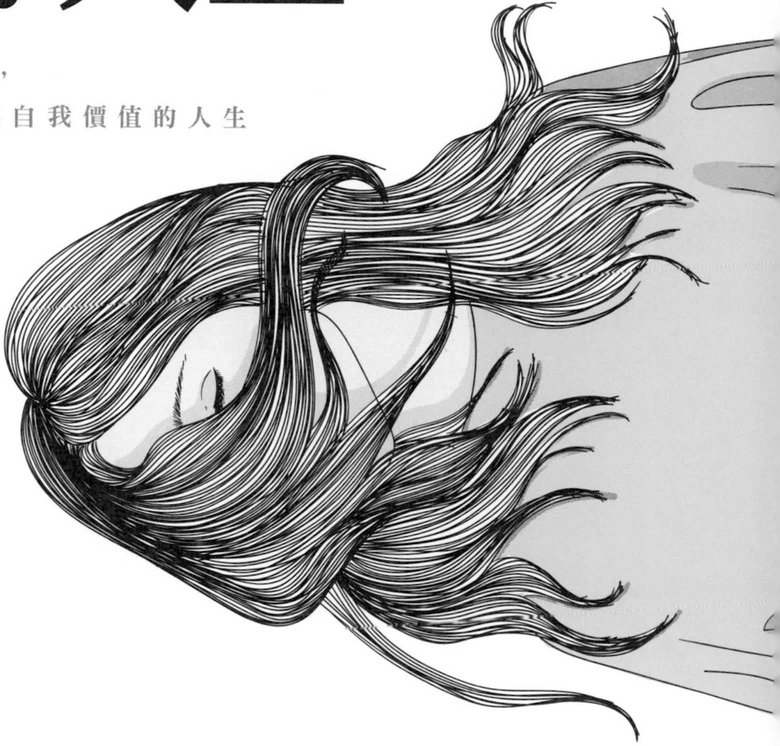

胡展誥（諮商心理師）著

【推薦序一】

成為一個一致的人／海苔熊（心理學作家）

這本書，我想要推薦給在人群中覺得格格不入，可是自己一個人又覺得很Blue的人。阿德勒說：「所有的困擾都是人際關係的困擾。」我以前就覺得這句話很有道理，不過倒是看了這本書之後才終於明白，「為什麼」所有困擾都是人際關係的困擾。

內在衝突是外在衝突的顯現

關於痛苦經驗的研究顯示，所有的痛苦，都是來自於內在兩個聲音的衝突[1]。而內在的衝突是怎麼來的呢？往往來自於你為了「避免外在衝突」。在與人相處的時候，當你發現自己和對方想法或需求不同，你習慣把一些你想做的、想說的壓抑在心裡，以維持表面的和平，但是你內心一直在打架。

於是，現實世界風平浪靜，但你內心波濤洶湧。為什麼你要把自己活得這麼痛苦呢？展詰說，那是因為你對自己沒有自信，不論別人做什麼樣的反應，你都會覺得「是自己不好」（你內心有一個「監控雷達」，The Sociometer[2]）。這樣的想法有好，有壞。例如，你透過不斷替別人著想，而維持了暫時的人際關係，或你在人群面前搞笑、幽默，來掩飾內心的寂寞，這些粉飾太平的行為都有暫時的效果。但是當你愈是為了讓別人或外在的世界過得更「昇平和樂」，你內在的世界就會過得愈「民不聊生」。你是自己身體的主人，但卻沒有好好對待自己。

展詰說，「其實衝突也是溝通的一種。衝突的力道有多大，我們有多麼用力打臉對方，就代表我們有多麼渴望讓對方理解。」你其實是希望別人可以了解你、接納你、關心你的，只是你用某種防衛的姿態，把別人推得遠遠的，因為這樣子就可以避免自己受傷和失望。就像書裡面所說，你並不渴望當邊緣人，也不是孤獨的世界太迷人，而是現實的世界太危險，為了逃避這些危險，所以你躲在自己的蝸牛殼裡，或者是表面上看似與大家相當親密，但其實你知道，你和身邊的人都隔著一堵牆，沒有人能夠真正走進你心裡。

走出邊緣人的世界

書中談到，邊緣人有三個主要的特徵：

・與自己相處時感到孤獨。

・卻又恐懼與其他人相處。

・對前面兩種矛盾的情況，覺得無力。

根據易脆性理論（the vulnerability model），低自尊的人往往比較憂鬱[3]，常覺得自己沒有能力去做出任何改變，進退維谷，又害怕衝突，所以不論其他人用何種方式和他們相處，他們內在都有一個孤獨的靈魂，期待有一天有一個人能夠理解和完整他們。那該怎麼辦呢？書裡面提到了許多有用的方式，協助你按部就班。從很小的地方開始，一點一滴地建立你的自信。其中，有幾個方法，我覺得非常受用，在這裡分享給大家：

・列出喜歡自己的部分和不喜歡自己的部分：如果這個練習對你來講有點抽象，我有一個比較常用的版本，就是先列出你喜歡的東西和不喜歡的東西，這個東西可以是食物、人、顏色、活動等等，且說說看，何以你喜歡或者是不喜歡這些東西、這些東西會帶給你怎麼樣的感覺。當你開始試著描述你的生活，或許就比較容易可以去描述自己是一個什麼樣的人。

~~擺脫~~邊緣人生

・把自己的朋友分級：人與人之間的相處根據交情，都會有不同的、感到舒適的距離，不是所有的朋友都適合掏心掏肺，可是若跟每一個人都一樣疏離，也會讓你覺得寂寞、心累。試著把朋友分成幾個不同的等級，在相處的時候，就不會有過分的期待（包含過多或過少的期待）。而當期待出現落差的時候，也不要太快就覺得是自己的錯，很可能是你把它放在不對的位置，你把他當好友，他卻當你萍水相逢。調整好距離，彼此才能透氣。

・常常跟自己說「不一定是我不好」：小時候，我們看到天空上的飛機，會伸出手來想像自己抓住了飛機，然後吃到肚子裡面。傳說中，如果吃了一百隻飛機，就可以許願。所以，你也可以把「一定是我不好」這句話寫在手心上面，像是吃飛機一樣，假裝吃進肚子裡，久而久之，或許也可以累積你的勇氣。當事情發展不如預期，你可以先承認的確有可能是自己的問題，但**也可能不是**。這一個小小的「可能」，就能讓你從「老責怪自己」的城堡裡面，慢慢挪動出來一些。

看完這本書之後，我覺得展詰想說的就是一件事情：**成為一個一致的人**。真實地面對和表達自己的感受，搬走長久以來壓住自己的那顆重石；不要總是用否認、防衛，來逃避內心的恐懼；接納自己就是這樣一個完整的人；在人際關係裡合則來，不合則去；不去強求不適合自己的關係，也不推開那些真誠的關心。

當你愈能夠更一致的接受自己如其所是的樣子，那些長期以來卡在你胸口的內在爭執，就會愈來愈小，而你和自己的關係，也會愈來愈好。

參考文獻：

1 盧怡任、劉淑慧（2014）。受苦轉變經驗之存在現象學探究：存在現象學和諮商與心理治療理論的對話。教育心理學報，45（3），頁413-433。doi: 10.6251/bep.20130711.2

2 Leary, M. R., Tambor, E. S., Terdal, S. K., & Downs, D. L. (1995). Self-esteem as an interpersonal monitor: the sociometer hypothesis. Journal of Personality and Social Psychology, 68(3), 518.

3 Sowislo, J. F., & Orth, U. (2013). Does low self-esteem predict depression and anxiety? A meta-analysis of longitudinal studies. Psychological Bulletin, 139(1), 213.

【推薦序二】

心中那個邊緣的自我／蔡宇哲

（台灣應用心理學會理事長／「哇賽！心理學」創辦人兼總編輯）

以前曾有一次跟學生閒聊時，提到我的個性很內向。當時，大家都睜大眼睛，他們不相信一個在台上侃侃而談又口若懸河的大學老師，怎麼可能是內向的呢？於是，我舉出很多個人經歷與感受來佐證，例如，我不大敢打電話訂位或詢問、在公眾場合會感到不自在……等，但依然難以說服大家。因此，看到胡展誥心理師在著作《擺脫邊緣人生——25則人際攻略，打造有歸屬感與自我價值的人生》裡，提到他也是個內向的人時，頓時有種被同理的感覺。

我想，每個人心中都有一個邊緣的自我，差別在於這個自我對行為與生活有多大的影響力。如果影響程度大的，就成為大家所說的邊緣人了。

「邊緣人」一詞在大學很常聽見，其中一種展現情況是在每學期剛開學時的課程分組。多數人總是可以快速地找到組員，但總是會有少數幾個人孤單地在角落。他們定在那裡，沒行動，也沒人搭理。通常，我會盡量避免分組，如果真的有需要的話，也會盡可能地幫忙這些人分組，因為這些人的心情，我很能體會，我在大學時代也曾經歷「孤單定在那裡，不敢主動找人同組」的情況。

讀大學時，我是個轉學生，因此與同學的關係不那麼熟。當時，有某一個課程也是要分組，我不敢踏出詢問他人的腳步，一直到其他人都分完組後，我自然與其他尚未分到組的同學集合在一起，我們成了「邊緣人組」。這樣的組員構成聽起來很悲慘，大家都是沒人要的。在我的印象中，一開始的確是如此。討論時，人人有氣無力、事情要做不做的。但不知從哪一個環節開始，我們整組激發出一種「不要以為邊緣人就是遜」的共同感受，從此大家齊心協力、合作無間，最後該堂課也拿下A的高分。從這次的經驗中，我學到：邊緣是一種狀態，而接不接受這種狀態的人是自己，只要願意嘗試做出一些改變，從邊緣出發，也是可以出頭天的。

於是，我在課堂上，有時也會與同學分享那一次自己的邊緣經驗，希望可以給學生們作為參考。但由於是我個人的經驗，不容易類化到其他人身上，所以總是效果有限。不過，在閱讀《擺脫邊緣人生——25則人際攻略，打造有歸屬感與自我價值的人生》一書時，我做了不少筆記，因為作者是根據自己豐富的經驗，提出各式各樣會遇到的狀況，加以分析後，並提供解法。我想，無論讀者心中的邊緣自我是屬於哪一種，都能在書裡找到對應的同理與方案，而讓心中的小人不用再孤單地待在角落啊。

在學生之間，也常流傳「我邊緣，我驕傲」的口號。意指邊緣沒什麼不好，甚至可以引以為豪。其實，我非常同意自己一個人沒什麼不好，我也很喜歡獨處，我更是覺得每一天都要有自己一個人的時光。不過，就如書中提到的觀念：之所以習慣獨處是主動為之嗎？獨處是自在的，還是會感到孤獨？如果先問問自己這兩個問題，就可以明白自己的邊緣狀態到底是驕傲，還是嘴硬了。瞭解自己、正視自己脆弱的一面是非常重要的，或許是從小的教育一直希望我們成為一個優秀的人，以至於有時候不敢面對自己不好的那一面，甚至視而不見。若是發展至此，恐怕會有一些人際上的問題與衝突，這就不是一句「我喜歡自己一人」可以帶過的了。

我還碰過一種情況很有趣，就是巴不得自己被邊緣化、沒人看得見自己，例如，在公眾場合一直被人纏住講八卦，講個不停，逼得自己只好藉尿遁脫身。這種「想被邊緣」的情況在本書中居然也有解法！因此，我很認同書中所說，除了要瞭解自己以外，我們也要瞭解人際之間的煩惱，無論是從輕微到重大，對此，作者也提出了各種情境與解法，好讓大家可以對照、參考用。

當然，無論是邊緣或是人際困擾，很難短時間內就完全解決。不過這本《擺脫邊緣人生——25則人際攻略，打造有歸屬感與自我價值的人生》肯定是絕佳的開始，既能讓讀者瞭解與同理自己內心脆弱的一面，然後又伸出強而有力的手拉一把，幫讀者脫離那黑暗的邊緣角落。

【前言】

揮別困頓、挫敗的人際關係

之所以寫這本書，是內心醞釀許久的使命感。

二〇一六年的夏天，我辭去政府部門約聘心理師的專任工作，開啟自己接案、獨立工作的生活模式。

離職之後，我幾乎每天都在不同縣市與國家演講、授課，推廣將心理學應用於親職教育和情緒照顧的知識。我的每一場講座都會開放聽眾提問，並且在講座結束後，仔細記錄下這些問題。

然後我發現：無論是什麼主題的講座，聽眾們提出來的問題，幾乎都與「人際關係」有關。

同樣的問題聽久了、回答久了，我逐漸感受到一股心疼與無力。

因為，即使這些問題我已經回答了無數次，在不同地方、不同國家，依舊有人因為類似的問題而受苦。這些人際議題普遍存在家庭、職場、伴侶之間，且問題的相似性極高。

我也發現，人們因為使用不當的態度與方式來因應這些議題，結果讓自己更挫折、更無助。**在束手無策的狀況下，只好「躲到人煙稀少的地方，盡量減少與人互動」，保護自己免於受傷。**

逃避無關可恥與否，只是問題依舊存在。這些人際議題雖然不太容易處理，但並不是完全無解。

所以我決定整理出在講座中，聽眾們經常提問的人際議題，細緻地回答這些問題，同時也提出具體的因應策略。

你是「邊緣人」嗎？

近幾年出現一個略帶戲謔，卻又生動地描述人際困境的名詞，叫做「邊緣人[1]」。這個名詞被用來形容那些看起來與大家格格不入，不擅長團體生活，無法理解眾人的話題與笑點，在生活或職場上總是獨來獨往的人。

此刻讀著這一本書的你，可能有感於自己已經徘徊在人際邊緣許久，也或許感嘆人際互動的迂迴與困難。當然，你也可能認為自己在網路社群的好友人數超過千人，每天都與同事或朋友頻繁互動，這樣的自己怎麼可能會是「邊緣人」呢？

當「邊緣人」，不好嗎？

我聽過有些人宣稱「我邊緣，我驕傲」，藉此表達自己過得很好，強調自己無須為人際關係改變些什麼；有些人則是害怕被貼上「邊緣人」的標籤，彷彿覺得與「邊緣人」扯上邊，就等於是有缺陷、有問題的人。

其實「邊緣人」不等於「不好的人」，「邊緣人」只是一種人際關係的狀態。

重點是：**一個人何以會走到人際的邊緣地帶？為何找不到有效的人際互動技巧？他能否覺察自己在人際互動中的困境？他想要改善自己的人際關係嗎？**

唯有探索這些問題的答案，才能提升經營人際關係的能力。

請你問問自己，這些狀況是否經常發生在你的身上？

- 無聊時就想找人互動，卻無法從互動中獲得滿足或意義感。
- 總是犧牲自己，討好別人，卻又討厭這樣的自己。
- 與人相處（工作、玩樂、學習）總覺得疲累、不自在，想逃離人群。
- 好不容易逃離人群，獨處的時候，卻又經常感到孤獨、寂寞。

・與人互動時總是戰戰兢兢，深怕一不小心就引發誤解或衝突。
・也想與人建立關係，但是對自己的互動技巧缺乏信心。
・比起找人討論問題，寧願獨自咬牙，面對困難。
・逐漸抗拒向他人表達內心真實的想法、感受與需求。

這些人大多數的時間並非獨處，內心卻覺得無比孤獨。他們每天看似生活在人群之中，卻像是森林裡一棵孤單的樹木：**永遠與其他樹木保持著看得到，卻碰觸不到的距離。**這樣的生活，會對人造成什麼負面影響？

「邊緣人」帶來的負面影響

心理學家阿德勒（Alfred Adler, 1870-1937）認為，人類是群居性的動物，如果無法與團體相處，無法從人際中獲得歸屬感與意義感，無法產生想要與人相處以及幫助別人的意願（阿德勒稱之為社會情懷），就可能會因為適應不良而產生種種心理問題。

無法從人際關係中獲得歸屬感與自我價值的人，很可能因為長期累積的挫敗、無助，對人際互動失去希望感，並且害怕在人際關係中受傷。因為恐懼與人互動，也為了保護自己，所以開始有意無意地與人群保持距離，漸漸地讓自己變成邊緣人。

擺脫
邊緣人生

很可惜，科技的發達雖然讓溝通更便利、全世界各個角落也似乎因為先進的媒體相互串聯，但人與人的關係並沒有因而變得比較親近。

時至今日，許多人際互動都被手機與電腦所取代。但是網路上的互動往往缺乏對他人的觀察與辨識，也因為沒有真實的接觸，人們可能將自己包裝成另一種樣貌。你可能善於在網路上暢所欲言，卻無法在真實的世界裡自在地與他人說上一、二句話。

這種互動無助於提升真實世界的人際互動能力。

無論何時何地，只要獨處時就習慣掏出手機或平板電腦的人，當他滑開螢幕，以為不再孤獨的那一刻，卻只是再次將自己推向更邊緣的地帶。

那麼，到底什麼是「邊緣人」？「邊緣人」的內心世界長什麼樣子？這就是本書要討論的重點。

- **邊緣人是一種害怕人際關係，想要躲避人際互動的心理狀態**，他們與別人的心理距離是疏遠的。
- **經常與人打成一片，不代表不會孤單；一個人獨來獨往，也不等於是邊緣人。**
- **邊緣人的形成往往是長時間累積的結果，而不是突然發生的意外。**如果想要改變，當然也要給自己一段時間來調整。

多多與人互動，就能脫離「邊緣人」嗎？

想要擺脫邊緣人，不是下載更多的交友APP，安排更多社交活動，也不是刪除獨處的時間，逼迫自己浸泡在交際應酬。做這些事情，不但無法減少你內心的空虛，往錯誤的方向努力，還可能讓你更覺得空虛與挫折。

邊緣人的內心有三種核心情緒：**孤獨**、**恐懼**，以及深刻的**無力感**，這三種情緒彼此交互作用，讓人逐漸喪失與他人互動的意願與動力。如果沒有覺察這些情緒的存在，了解這些情緒如何影響自己，無論你如何改變外在的行為，效果都是有限的。

這本書將會幫助你檢視自己的人際關係。你會在閱讀的過程中，清楚地看見自己與人互動的模式，釐清自己對人際關係的期待，並且最重要的：**重新建立一套健康的態度，更有效的人際互動策略，幫助自己打造更正向、更滿意的人際關係。**

如果你想要改善自己的人際關係，渴望擺脫過往害怕面對衝突，卻又不知道該如何處理人際互動的許多複雜情境，書裡提到的許多例子和策略，可以提供你很實際的指引。我相信，這本書將會引導你開啟人際關係的嶄新篇章。

註1：本書討論的「邊緣人」是近幾年被用來形容人際困境的流行用詞，而不是精神疾病診斷與統計手冊（DSM-5）裡編列的「邊緣型人格疾患」。

第一篇、重新導航：打造堅韌的心態

目錄

第二篇、有效互動：拉近彼此的距離

第三篇、有效防禦：提升衝突解決力

第一篇、重新導航：打造堅韌的心態

在眾聲喧嘩的人群中感到壓迫，
在安靜獨處時，獨自舔舐著寂寞。
因為缺乏互動技巧，也長不出獨處的能力，
讓自己變成「邊緣人」，於是成了表面上看似安全，
其實是將自我放逐到人群之外的選項。

一、你、我都可能是邊緣人

——邊緣人，跟你想像的不太一樣

提到「邊緣人」這個名詞，有兩個人很快地浮現在我的腦海中。

第一位是我的學生阿棋，他是國中二年級的男生，體型圓滾滾、個頭不高，課業成績不甚理想，個性還有些吊兒郎當。他在學校總是獨來獨往，沒有特別隸屬於哪一個團體。導師起初有些擔心他是否遭到霸凌或排擠，但是每一次找他來辦公室關心，他都聳聳肩、一臉無所謂地回答：「還好吧？我覺得沒差。」

後來我在臉書上發現，他對樂器充滿興趣，從小就自學爵士鼓、吉他、鋼琴、古箏，經常利用課餘時間觀賞各種藝術表演，甚至數次獨自到國外參加音樂比賽。

某一次上課，我邀請阿棋上台分享他的音樂自學之旅。沒想到他老兄一張投影片都沒有做、好整以暇地倚靠在講台邊，用一個個旅行的故事緊緊扣住全班同學的注意力。直到下課鐘聲響起，同學還是意猶未盡地要他繼續分享故事。

另一位則是結識多年的好友Peter，頂著哥倫比亞大學博士學位的高材生。求學的過程中，優異的成績經常讓他成為眾所矚目的焦點。同學、家長、老師，沒有人不知道學校有這麼一號近乎天才的人物。博士班才畢業，他就獲得國內一家金融公司重金禮聘回國工作。如果要用一個通俗的形容詞來形容他，大概就是「人生勝利組」。

我曾經造訪Peter在內湖購置的豪宅，偌大的房子空空蕩蕩，除了必要的幾樣家具外，什麼東西都沒有。他說，反正待在公司的時間比住在家裡久，而且也沒什麼人會來作客。

從小他就很獨立，不太需要大人操心，老師與家長總是把他拿來當作孩子學習的榜樣、同學則是爭先恐後請教他難以解開的數學難題。久而久之，除了課業與工作之外，他也找不到其他與人互動的交集。他獨自到國外念研究所、生活，並且學會用工作填補生活的空白。

「以前大家只是問我課業和工作。不知道從什麼時候開始，我爸媽突然開始要我多去認識朋友，要注意好的對象……」Peter苦笑：「我早就忘記怎麼交朋友了。」

看完這兩人的故事之後，你認為誰比較像是邊緣人？

發生了什麼事？心理師這麼說——

「我從來不說話，因為我害怕沒有人回答；我從來不掙扎，因為我知道這世界太大……」——〈讓我留在你身邊〉，陳奕迅

「邊緣」是個人主觀的感受

讓我們將世界想像成一個大圓圈，大多數人都住在圓圈裡面，他們之間的互動很頻繁，擁有相近的信念與價值觀、用類似的模式過生活，這是我們認為的「一般人」；而在圓圈的邊緣，甚至在圓圈之外，還有少數的小點點獨自活動著，他們的價值觀不同於圓圈內的人、較少與別人互動，大家對他們的了解可能也不多，這些少數人往往會被我們貼上「邊緣人」的標籤。

如果依照這種標準來看，阿棋應該會被歸類到邊緣人，而Peter當然是住在圓圈正中

央的焦點人物。

但實際上，他們兩人內心的幸福感與歸屬感卻是大相逕庭。一個看似身處團體中央，人際互動密切的人，內心卻可能感覺與人群疏離、不自在，並且難以從人際關係中獲得歸屬感；相對地，有些人雖然朋友不多，卻能從少數的互動中獲得充實、滿足的感受，他能享受獨處的時光，也能輕鬆地選擇要與誰相處，以及與他人互動的方式。

所以，**邊緣人其實是一種個人主觀的心理感受，而不是客觀的表面現象。**

邊緣人的特徵

邊緣人有三種主要特徵：

1. 內心經常覺得與人群疏遠，與他人互動時覺得不自在，也無法從人際互動中獲得歸屬感與意義感的正向經驗。
2. 總覺得別人不理解自己，並且也不太理解別人到底在想什麼。對人際互動抱持負向的想像與預期，深信人際關係充滿危險。
3. 邊緣人雖然內心孤獨，卻又害怕走進人群。

他們或許是在過往的人際互動中遭遇負面經驗，因為害怕再次受傷，也擔心沒有能力保護自己，因而深信自己無法擁有正向的人際關係。也因為長時間使用負向的視框來解讀他人與自己，久而久之，就會產生無助的感覺，並且對人際關係失去希望與熱情。

擺脫邊緣人的真正目的

這本書的目的當然是要帶著你擺脫邊緣人的行列。

但是請你放心：**擺脫邊緣人，不是要逼迫自己建立龐大複雜的人際關係，把大部分的時間都耗費在人際互動，讓自己成為團體當中的焦點人物**……絕對不是這樣的。

擺脫邊緣人的目的在於幫助你：

1. 了解自己的人際需求，幫助自己調整人際互動模式。
2. 能夠自在地與人群互動，也可以安心地選擇獨處。
3. 獲得有效的人際互動技巧，提升對自己與他人的理解，同時減少不必要的衝突和誤解。

三大策略，打造健康的人際關係

萬丈高樓平地起，絕世武功從頭練。如果你希望擺脫邊緣，卻又害怕與人相處；如果你渴望與人互動，卻找不到合適的方法；如果你總是苦於害怕與人發生衝突、擔心傷了彼此的和氣……那麼請你給自己一個機會，透過這本書的練習，你絕對有能力改善這些窘境。

我會逐步引導你學會脫離邊緣人的三大策略，你可以循序漸進閱讀，也可以直接挑選你最需要的章節優先練習。

1. 重新導航：打造堅韌的心態

語言與行為反映著一個人的態度與價值觀。一個競爭心強的人，無時無刻都會透過跟別人比較來肯定自己；一個自卑的人，經常會將別人的稱讚扭曲成貶抑。不管他們多麼努力讓自己顯得不在意別人的成就與評價，內心依舊很煎熬。

我們要開始練習調整內在那些難以覺察，卻又對人際關係有害的態度與價值觀，這樣才不會經常因為鑽牛角尖而被困在負面情緒裡，也才能擁有更多彈性，打造自在的人際關係。

2. 有效互動：拉近彼此的距離

缺乏有效的互動技巧，經常害自己被誤解。明明是想安慰對方，卻讓對方聽了更生氣；想要關心對方，卻經常提出令人尷尬不已的問題；想要向對方撒嬌，卻讓對方冷汗直流……學習有效的互動技巧，幫助你清楚地表達自己的意思，也讓彼此的溝通更精確，減少關係中的誤解。

3. 有效防禦：提升衝突解決力

衝突是人際互動中無法避免，卻又令人害怕的情境。有些人因為過於害怕衝突，選擇封閉自我，以為這樣才是最安全的做法。但這麼做，同時也失去了練習解決衝突的機會。

其實「衝突」也是一種溝通的形式，衝突的力道有多大，就代表我們有多麼希望被別人理解。無論過往是否有讓你耿耿於懷的衝突經驗，這本書會與你分享許多策略，提升你的衝突解決能力。

相信我，這些策略都不難！

真正困難的，是你願意下定決心改變現況，為自己打造健康的人際關係，並且願意跨出那充滿勇氣的第一步。

放輕鬆，也放慢腳步。給自己一些時間，每天練習一小步，持之以恆，讓我們一起邁向更自在的人際關係！

二、邊緣人，是從「恐懼」開始的

——各種恐懼交互作用，將人推向邊緣地帶

夜深人靜時，回想起今日的遭遇，阿志沮喪地用被子蒙住臉。他覺得今天肯定是自己的水逆日。

大清早，他趕著出門上班，鐵捲門一拉開，鄰居的汽車「又」蠻橫地擋在他家門口。他皺了皺眉頭，費盡九牛二虎之力，才把摩托車從縫隙中牽出家門。

在人潮滿滿的早餐店排隊許久，準備開口點餐時，一位大嬸不知從哪裡神乎其技地切進前方，用極為緩慢的速度點餐、猶豫、修改……眼看就要來不及上班，他皺了皺眉頭，只好放棄吃早餐。

走進辦公室，隔壁同事正在聊天，然後又把吃到一半的湯麵擱在他的辦公桌，桌墊上留下一灘明顯的油漬。他皺了皺眉頭，把同事的麵碗小心翼翼地移到旁邊、拿出濕紙巾，擦乾桌面。

中午輪到他訂餐，他問同事想吃什麼。大家頭也不抬，意興闌珊地回答：「都可以、隨便。」他努力回想前幾天的餐點，從目錄裡仔細排除重複的店家。好不容易便當來了，餓了一上午的他終於可以吃點東西時，抱怨的聲音四處而起：「嘖！幹嘛訂這一家啦？難吃死了。」「沒有別間可以訂嗎？」「要吃這家，還不如吃泡麵。」

聽著這些抱怨，他又皺了眉頭，不發一語地躲在螢幕後方吃飯。

下午，同事說孩子明天要去露營，他要去擔任愛心家長。阿志還納悶對方為什麼告訴自己這件事情時，同事接著就說要和他換班，並且已經跟主管講好後三天都由阿志代班。他瞪大眼睛看著同事揚長而去的背影，腦袋裡想著明天的休假本來是要去拜訪女友的父母。

晚上回到家，遠遠就看見鄰居的汽車又擋在他家門口。汽車引擎蓋還冒著熱氣，顯然也是剛回來。他站在門口，一股怒氣由腳底竄上來，腦海閃過各種報復的手段：用鑰匙刮花烤漆、在輪胎前後撒釘子、把喝剩的奶茶倒進加油孔、用保鮮膜把整台車子捆起來……

當然，他只是在心裡模擬報復的戲碼，最後他什麼都沒有做，更遑論去按鄰居電鈴，找對方理論。望著黑漆漆的天空，他像是一顆洩了氣的皮球，帶著滿腹委屈走回家……

阿志心想：

「這世界好黑暗，人心好險惡。如果可以獨來獨往該有多好？」

「說出來又有什麼用？還不就是被誤解、被討厭？」

「我明明很用心幫忙，為何別人總是不領情？」

這種看似倒楣透頂的生活，其實是許多人的日常片段。

差別在於有些人會嘗試找到與對方溝通的策略，避免類似的狀況一再發生；有些人則選擇相信事情不可能改善，自己也沒能力改變人際互動，覺得地球充滿危險，唯一的方法就是遠離人群，才能確保自身安全。而後者，正是「邊緣人」在面對人際困境時，經常採取的思考與行動。

問題是：**面對同一件事情，為什麼人們會有如此截然不同的反應？**

發生了什麼事？心理師這麼說——

阿德勒曾提出生命風格（life style）的概念，這是一個人從幼年時期經由大人教導、經歷過的大小事，以及與人互動的經驗中，慢慢建立起來的一套抽象架構。生活風格是個人用來作為生存的重要指引，每一個人的生命風格都不同，所以看待自己、解讀世界、採取行動的想法，也都不盡相同。

邊緣人的生命風格

1. 對自己：覺得自己不好

如果你一直在人際互動中跌跤，找不到適當的人際互動方式，難免會產生無力感，或者質疑自己：「是不是我不夠好，別人才不喜歡我？」一旦有了這種信念，你就很難欣賞、喜歡自己。

邊緣人對於人際互動，經常抱持著「無能為力」的信念。他們覺得自己不可能交到好朋友、覺得自己會被排擠，就算對別人親切友善或努力付出，也無法獲得正向的回饋。

「自我驗證預言」就是指這種現象：一個人愈是抱持「我沒有用」的信念，就愈容易把眼光放在失敗的結果上；或者結果明明沒有不好，但我們還是會努力從過程中找到蛛絲馬跡，來證明自己的努力一點意義都沒有，甚至扭曲某些其實還不錯的成果。

2. 對別人：覺得別人太嚴格、不友善

邊緣人經常覺得別人不理解他們。他們一方面覺得挫折，一方面也會把別人解讀為是嚴格的、不友善的，所以，這個世界是危險且難以生存的。

他們不求別人的喜愛，只希望不要繼續在人際互動中受傷。他們相信，如果想要保護自己，最好的方式就是「避免犯錯」，才不會落人口實、被他人攻擊。

3. 行動策略：用盡全力，避免犯錯

因為覺得自己能力不好，加上覺得別人很嚴格，想要在這麼嚴苛的環境下生存，他們就會提醒自己「多做多錯，少做少錯，不做就不會出錯」。為了保護自己，所以乾脆就不要有任何作為，避免任何出錯的可能性。但是這種不作為的策略，卻也會讓自己變得更退縮、更邊緣，同時也疏遠了與他人的距離。

從另一個角度來看，當一個人覺得自己不好、不喜歡自己時，他們也不會相信別人是真心欣賞他，且不信任別人的友善行為。因為質疑而與他人保持距離，當然也會促使別人遠離他們，而這又讓他們更加確定：「看吧，他們終於露出原形了。」

所以邊緣人的形成，往往是來自於這種負向循環：「**覺得自己不好，不喜歡自己↓不相信別人也會喜歡我，覺得別人都在批評自己↓疏離、與他人保持距離↓別人也開始與他們保持距離↓更相信別人是不友善的↓更討厭這樣的自己↓……**」

「恐懼」將人推向孤獨的角落

大多數人面對阿志的遭遇，多少會覺得憤怒、委屈，但卻又選擇忍耐、壓抑，而不是說出來。因為，我們的內在有許多恐懼在作祟。

1. 害怕衝突

為什麼不說出來？因為你怕對方會生氣、怕引發衝突、怕有無法預期的事情發生。

為了避免面對衝突，你選擇壓抑內心的憤怒和委屈。慢慢地，你開始像是電影裡的配樂那樣漸漸淡出，減少與他人的接觸，這是自我邊緣的起點；然後，當別人開始感受到你的「遠離」，也可能選擇與你疏遠。一旦你察覺別人拉遠與你的距離之後，你就開始感覺到自己被邊緣化。

這時候，你就更強化自己原本的假設：「別人是不友善的，和他們相處會被傷害，所以我要離他們遠一點。」而你的人際關係也因此逐漸走向邊緣的地帶。

● 一般人的內在對話：「他從來沒有在乎過我的感受，我幹嘛在意他會不會生氣？」

● 邊緣人的內在對話：「我如果說出來，對方要是生氣，該怎麼辦？」

2. 害怕失敗

「你都還沒去溝通，怎麼知道對方會怎樣？」

「可是我害怕他會生氣……」

「說不定你去試了之後，會發現沒有你想像中的恐怖。」

「可是我覺得我一定沒辦法把話說清楚、會把事情搞砸……」

我們經常誤以為邊緣化的人一定是缺乏與人互動的意願，其實並非都是如此。有些人是因為害怕會失敗，對自己缺乏信心，所以他們連去嘗試的行動都沒有。

換句話說，他們或許不是一開始就欠缺溝通的意願，而是腦袋裡有太多非理性的災難化預期，削弱了行動的勇氣。

- 一般人的內在對話：「成不成功是另一回事，至少我試著說出來了。」
- 邊緣人的內在對話：「就算我說出來，結果肯定也是不好的。」

3. 害怕複雜的社交情境

可別小看了邊緣人，誤以為他們總是畏懼退縮、不善言語，連最基本的社交技巧都不會，如果你這樣想就錯了。

許多邊緣人都具備一定的社交技巧，甚至能夠談笑風生，必要的時候，也可以與他人以客套的態度「高來高去」。只是他們並不喜歡這種互動方式，也無法從中獲得意義感。

不過，對邊緣人而言，面對較為複雜的社交情境，可就讓他們渾身不對勁了。

「複雜的社交情境」涉及隱微訊息的覺察、辨識與回應。這些隱微的訊息很可能透過語言或非語言訊息來傳遞，例如肢體語言、話中有話、雙重訊息等等。在日常生活中，舉凡面對尷尬的情境、大大小小的衝突、被別人誤會、想拒絕別人的請求等等，都屬於相對複雜的社交情境。

因為不知道該如何回應，或者因為誤判情勢，做出不當的回應，很可能會讓別人覺得他好像「怪怪的」、不懂得看場面。也因為跟他相處有點尷尬，不知道該怎麼跟他互動，漸漸地就與他疏遠。

這種互動的結果讓邊緣人很挫折，也很受傷，進而對自己、對人際互動給予負面評價。

其實，人際關係本來就很複雜，誤會與衝突是難以避免的。可是，往往只要學習不同的互動策略，甚至是換個環境、換一群人相處，就會有不同的結果。

● 一般人的內在對話：「這些人好難懂，我要尋找比較好相處的朋友。」

● 邊緣人的內在對話：「這世界好複雜，我必須盡可能避免與人接觸。」

關於邊緣人，你該具備的態度

1 邊緣人不等於成就低落的人。

2 邊緣人不等於人緣不佳的人。

3 邊緣人不等於個性怪異的人。

4 都不說話，不代表沒有想法。

5 邊緣人並非都畏懼退縮，不善言語。

6並非個性高傲孤僻，缺乏與人互動的意願。
7並非故意「解嗨」，讓場面變得很冷、很尷尬。
8並非裝傻不回答，或故意回應奇怪的答案。

一個「不允許自己犯錯」的人，必須耗費許多力氣掩蓋自己不滿意的部分。必要時，不惜與他人爭辯。即使破壞了關係，也要維持自己那一份看起來很完美的形象。

在你努力維持的那一份完美底下，說穿了，往往只是不堪一擊的自卑。

當你因為害怕被責備、被鄙視時，你必須花很多力氣證明自己是對的、自己才是最優秀的。當你這麼做的時候，同時也封閉了內在與外界交流的管道，你不再開放自己接受善意的、有效的訊息，你把每一個聲音都當成是攻擊、批評的箭矢。所以你也會用猜忌的心態來看待這個世界，因為你覺得大家都是針對你而來。

這樣的你，又怎麼會活得自在呢？

如果你能誠實面對自己不夠好的部分，願意接受不夠好的自己、不批評自己，你將會過著比較輕鬆的日子。

三、「喜歡自己」是擺脫邊緣人的第一步

——不夠好，也沒關係

在講座中，聽眾最常提出的問題前三名裡，一定有這一題：「我為什麼不喜歡自己？」

然後有九成的聽眾會繼續追問：「怎麼樣做，才能喜歡自己？」

每一次，我都會捲起袖子，半開玩笑地請主辦單位再給我幾個小時，讓我好好回應。

幾乎所有的邊緣人都不太喜歡自己，他們在人際互動中累積許多挫敗經驗，無法從人際關係裡面獲得價值感與歸屬感。換句話說，他們經常在與別人的相處中覺得自己是沒有能力、不被喜歡的，也質疑是不是因為自己不夠好，所以別人才不喜歡他，無法像

其他人那樣輕鬆地與團體打成一片？

但是，如果一個人總是將人際互動的負面經驗歸咎於自己，他又怎麼會喜歡自己呢？

這是一個很重要的問題，所以我想用一些篇幅好好地回答。

「生長在這個文化底下，我們是很難喜歡自己的。」我經常這麼認為。

請你仔細回想，我們從小被這個環境灌輸了哪些概念？

◆要謙卑、勿自滿：無論你表現得多好、多努力，都不能對自己太滿意。

◆要為人著想、手心朝下：為自己好、爭取自己的權利，是自私、不對的。

◆要樂觀積極、勿自怨自艾：避免負面情緒，那是脆弱的表現。

◆要順從、合群：要以別人的意見為主，不要強出頭、勿與人意見相左。

◆要把批評當良藥，至於稱讚，聽聽就好：你只值得別人的批評，而那些讚美你的都只是假話，你並沒有這麼好。

◆要聽父母的話：這句話本身沒有什麼問題，問題出在大人往往不太仔細聽孩子說的話，也不允許孩子有自己的想法，認為他們的想法都是幼稚、沒有價值的。

◆不管別人怎麼說，你都要學會欣賞自己：最好是啦！如果前面幾句話你都認真聽進去，並且深信不疑，那你到底要拿什麼來欣賞自己？

我把這些概念稱之為「教條」，因為當大人在告訴你這些話的時候，他們不允許你反駁，也要求你把這些語言當成為人處世的道理。

這些教條都暗示著：「你是沒有能力的、沒有價值的、不可以只是照顧自己、不可以太過堅持自己的想法……」我問你，如果一個人從小就接受這些觀念，把這些教條當成是生活的指引，他要如何愛自己？

雖然「愛自己」三個字不難寫，也不難理解，卻不是說到就能做得到的事。但若是想要脫離邊緣人，學習「愛自己」絕對是最重要的任務。

如果連你都不喜歡自己，你又如何相信別人是真心喜歡你？如果你總是覺得自己很糟糕，當你身處人群時，也會時時刻刻害怕別人用鄙視和嘲笑的眼光凝視你。這麼一來，你當然會想逃離人群，躲回邊緣地帶。

好消息是，「愛自己」是一種可以從各方面同時著手的行動，只要你願意行動，有許多切入點可以幫助你重新建立起對自己正向的觀感。

如何練習愛自己？心理師這麼說——

調整不切實際的自我期待

心理學家卡爾・羅傑斯（Carl Rogers）認為，當一個人的「理想我」與「現實我」差距太大時，內心就會產生不舒服的感受。

例如，若一個老師總是想要滿足所有家長的期待（理想我），無論他怎麼努力，只要有少數家長表達不滿（現實我），他就會感到挫折、並且否定自己的努力；一個員工規定自己年年都要晉升、加薪（理想我），因而相當努力，但只要有一年的考績不如預期（現實我），他就會譴責自己、抱怨環境；一個學生只允許自己當全校第一名（理想我），只要有一次拿了第二名（現實我），就會覺得天崩地裂、前途無望……

對自己有所期待、設定想要自我超越的目標並沒有錯。但是，你設定的目標有符合現實、適合自己嗎？我們總是批評那個沒有達成目標的自己，卻極少去檢視我們設定的目標到底實不實際。是否超出自己的能力太多？是否忽略了一些環境中無法掌控的因素？

「沒有達成某些目標」是事實，但那不等於「自己不好」，這兩件事不該被劃上等

號。有時候問題是出在我們對自己設定了太困難、太遙遠的期待。試著調整這些期待，你會發現其實自己表現得還不錯。

滿足別人「部分」的期待即可

你對自己的期待，真的是發自內心的期待嗎？

設定目標沒有錯，想要往更好的方向前進，也沒有錯，問題是：「這些期待是誰設定的？」你可能會以為都是你對自己的期待。但是仔細想想：「如果達到了這些目標，你最想先讓誰知道？你覺得誰會最開心？」只要這個「誰」不是你自己，那麼這個期待肯定也不是你原本就想要的。

當然，想要「達成某些期待，讓某人感到開心」也不是不行，可是你在這過程中的感受是什麼？除了滿足別人的期待以外，你也喜歡這樣的自己嗎？除了別人滿意、開心以外，你自己的想法又是什麼？在滿足他人的過程中，你是否也經常犧牲了某部分的自己？

從今天起，請提醒自己：「開始學習**滿足他人部分的期待即可，然後把省下來的力氣留下來，做一些自己真正喜歡的事情。**」

減少與他人比較

我們的文化裡有一種具有破壞性，卻又被人們習以為常的行為，就是互相「比較」。只要有比較，就會有輸贏或優劣之分。可是，為什麼一個人的價值必須透過和別人比較才能彰顯？

有些新手媽媽聚在一起，就會在「親子教養」這件事情上明來暗去地較量，原本只是帶孩子出來散散步、聊聊天，卻弄得彼此不愉快。

說真的，別人如何教養、如何與孩子互動，跟你有什麼關係？每一個家庭的環境、每一個孩子天生的氣質，以及每一個母親的成長背景都不盡相同，根本無從比較，也不需要比較。

雖然像薪資、財產這些數字的確容易比較多寡，但這種比較一點意義都沒有。雖然金錢的確可以讓人擁有比較滿意的生活品質，但現實社會中經濟能力有限、卻過得幸福美滿的家庭大有人在。

至於業績、表現，你或許會透過與同事比較來激勵自己，這沒有不好。但是如果你的比較會促使你中傷他人、批評自己，這些數字就不再是砥礪你向上的良善動力，而是將你捆縛在負面情緒裡的毒藥。

另外，我們與孩子的相處品質、對生活的滿意度、婚姻關係的親密度、對自己的肯定和成就感，這些都是難以量化的主觀數值，你自己覺得滿意、幸福最重要，一旦拿去和別人做比較，就會衍生出許多無謂的擔心和負面情緒。

試著問自己：「我喜歡現在的生活模式嗎？在目前的生活與人際關係當中，我喜歡的是哪些部分？哪些部分讓我覺得幸福？」「我可以做些什麼，讓這種幸福的感受可以延續？」這才是重要的。

至於別人過得如何、炫耀他們過得多好，那都是他們家的事。

允許自己不足

是的，即使覺得自己不夠好，也沒有關係。

一個「不允許自己犯錯」的人，必須耗費許多力氣武裝自己、掩蓋自己不滿意的部分。必要時，不惜與他人爭辯。即使破壞了關係，也要維持自己那一份看起來很完美的形象。

在你努力維持的那一份完美底下，說穿了，往往只是不堪一擊的自卑。

你有發現嗎？**當你因為害怕被責備、被鄙視時，你必須花很多力氣證明自己是對**

的、自己才是最優秀的。當你這麼做的時候，同時也封閉了內在與外界交流的管道，你不再開放自己接受善意的、有效的訊息，你把每一個聲音都當成是攻擊、批評的箭矢。所以你也會用猜忌的心態來看待這個世界，因為你覺得大家都是針對你而來。

這樣的你，又怎麼會活得自在呢？

如果你能誠實面對自己不夠好的部分，願意接受不夠好的自己、不批評自己，你將會過著比較輕鬆的日子。

當我願意承認自己這陣子的確比較胖，我就比較不會盲目地去購買那些雖然好看、卻根本穿不下的衣服。我願意買我現階段適合的服飾，也會提醒自己的健康狀況，需要好好正視與調整。

當我承認自己的教養策略需要調整時，我才願意真心誠意地去找資源、虛心學習，但同時間也能夠欣賞自己其實做得還不錯的部分。而不是去攻擊別人，與別人做比較，從而證明自己完全不需要改變。

當我承認自己的婚姻關係面臨困境時，才有機會停下腳步，思考彼此發生了什麼事。我們還在意這段關係嗎？願不願意為了這段關係再做一些努力？要如何努力？

因為**你可以承認並接受自己不夠好，所以就不需要花太多力氣去欺騙別人、責備自己**。也因為你承認並接受自己不夠好，你的內心才能夠撐出一個空間，接納更多不同的可能，也才有機會改變自己。

不夠好，又怎樣？

喜歡自己，必須發自內在

穿自己喜歡的衣服、買你喜歡的東西、把家裡布置成喜歡的風格、發展各種興趣，或許都能讓你感覺開心，而你也會喜歡做這些事情的自己。

然而，喜歡自己不能只是憑藉外在的事物，因為左右著你如何看待自己與外在環境的，是奠基於你內心那一套解讀世界的觀點。

調整你內在的觀點，才可能移動你的視框。視框移動了，你看待自己、看待世界的風景就會有所不同。

不管是自己滿意的、或不滿意的部分，那些都是真真實實的存在，都不需要花力氣去偽裝或否認。**從此刻開始練習，對於自己喜歡的部分大方給予欣賞，不喜歡的部分就嘗試調整。**

至於別人如何看待我們，那終究不是我們能決定的。

練習

1 本章提到幾個我們的文化灌輸的「教條」，這裡面有哪些你覺得很耳熟？這些教條如何影響你對自己的看法？

2 本章提到哪些策略可以用來練習喜歡自己？對你而言，哪幾種比較容易試試看？

	喜歡自己的部分	好處與壞處	調整的策略
範例	有話直說。	好處：別人更了解我的需求和想法。 壞處：有時會有衝突。	維持有話直說的風格，但表達時，口氣委婉一些，減少衝突。
1			
2			

	不喜歡自己的部分	好處與壞處	調整的策略
範例	不敢說出真實的想法、感受或需求。	好處：避免成為被攻擊的對象。 壞處：被誤解、委屈自己。	1. 先從比較友善的人開始學習表達。 2. 先從比較不具攻擊的想法開始表達。 3. 說說看，又不一定會有衝突或危險。
1			
2			

3試著探索你對自己的認識，寫出你對自己喜歡與不喜歡的部分（可以是具體的行為，也可以是抽象的態度或個性）。

四、提升衝突解決力

——面對衝突的恐懼，讓人想要躲避人際互動

奧地利心理學家阿德勒有一句名言：「**所有的問題，都是人際問題。**」這幾年，我在許多地方演講，對象包括國小到大學的學生、家長，以及從事各行各業的成人。在兩至三個小時的演講裡，我最期待的是開放聽眾提問的時刻。藉由聽眾們提出來的問題，可以幫助我更認識他們的生活，知道他們正在面臨哪些困境。

為了提升回應聽眾問題的能力，每一次工作結束、搭車回家的路上，就算再疲累，我一定會翻開筆記本，把當天被問到的問題一一做紀錄。多年下來，這些「問題」寫滿了好幾本筆記簿。

我曾經抽空回去翻閱這些問題，並且加以分類，然後我驚訝地發現，這些問題就如同阿德勒所言，幾乎都與「人際」有關，而且經常都聚焦在「衝突」上面。

像是：

◆和家人或朋友發生衝突，不知道該怎麼處理。
◆覺得自己都是為對方好，結果對方非但不領情，還誤解你。
◆很討厭某個同事，但又不可能因為他而離職。
◆已經習慣獨處，卻又覺得孤獨。
◆總是無法拒絕別人的要求，擔心這樣會被討厭。
◆總是拉不下臉，無法好好地向別人道歉。
◆想安慰別人，卻總是搞砸，讓對方更難受。
◆覺得和人相處很困難，乾脆把自己封閉起來。

衝突，令人挫折、無力

雖然衝突本身也是一種溝通的形式，但是衝突所帶來的情緒張力的確讓人不太舒服，而且當一個人太過頻繁地處於衝突情境，或者經常要處理對自己而言太困難的衝突，難免會感到無力、疲憊，甚至是憂鬱的情緒。

衝突除了會帶來負面情緒之外，也會令人覺得不被理解、不被尊重，甚至覺得孤獨、無助。

我們的文化經常鼓勵我們不要畏懼衝突，一方面卻又教我們要以和為貴，退一步才能海闊天空，卻從未鼓勵、教導我們學習用更有效的方式面對衝突。

但是，面對衝突往往是令邊緣人最難受的情境。

我認為對邊緣人而言，並不是孤獨的世界太迷人，而是覺得現實的世界太危險。換成是你，如果經常面臨難解的人際衝突，難道不會想逃離令人無力又充滿危險的人際關係嗎？

如何才能完全避免衝突？

如果在大學校園看到一大群人一起行動、吃飯，那很有可能是大一的新生，因為對環境的陌生，彼此形成一群相對熟悉的群體。經過一年的分組報告、系上活動，彼此的風格、價值觀的差異就會漸漸浮現，人際之間的衝突也隨之增加，班上因此出現愈來愈多小團體。

你或許會覺得這樣的情形很可惜，然而**我們不也在這個過程中，逐漸探索出自己的人際風格：喜歡與什麼樣的人相處？如何與不喜歡的人相處？如何尊重與我們不同的人？**

每一個人都是不同的個體，擁有獨特的想法、需求、價值觀，人與人之間的互動，就像是帶著差異、彼此衝撞與磨合的過程。所以，除非你獨自過著離群索居的山頂洞人生活，否則衝突是不可能完全避免的。

事實上，「衝突」是相當珍貴的經驗。雖然大部分的人都害怕面對衝突，但**衝突卻能夠幫助我們更清楚自己重視的是什麼，別人重視的價值觀又是什麼**，如果能夠從中提升對自己、對他人的理解，就能因為更順暢的溝通，減少人際衝突的發生。

捨棄有害的思想

正如同武俠小說裡總是強調「武功只是形式，態度才是王道」，處理人際衝突最困難的部分，不在於新增各式各樣的「技巧」，而是調整那些深植在我們內心、鬼魅般如影隨形的「聲音」，像是：

◆以和為貴，才是美德。

◆為自己好，就是自私。
◆堅持己見，就是固執。

這些聲音充斥著傳統文化的價值觀。傳統價值觀不全然都是有害的，但如果我們沒有經過審慎的思考與篩選，就將這些價值觀當成是唯一的真理，那就像是不考慮自己的特質，將所有大家認為好看、舒服的衣服全都套在你的身上。這樣的搭配不但顯得怪異，也讓你窒礙難行。

想要提升處理人際衝突的能力，最好的方式絕對不是極力遠離衝突、漠視衝突的存在；相反地，你必須練習靠近衝突、認識衝突，並且了解衝突與我們之間的關係。

如果你想要提升解決人際衝突的能力、學會解決衝突的技巧，首先要練習檢視自己的想法，把那些文化與環境強加的價值觀，你對於衝突的恐懼和誤解，對他人不切實際的期待……一一鬆綁。

你需要一套嶄新的策略

我常常在公共場合看到父母對著孩子說：「我數到三喔！你再吵，就給我試試看。」然後當你數到三的時候，孩子哭得更大聲了。

怎麼辦呢？眾目睽睽之下，父母通常會強裝鎮定、提高音量：「咳咳，聽到了沒？我再數一次喔，一、二……」

我相信，其實孩子都有「聽見」、也不是故意「不想聽見」，只是那當下他真的「聽不進去」。

不管你唸得多大聲、調整複誦的速度，或者多唸幾遍，都不會有效的。

孩子在那當下的「堅持」（大人視之為「頑固」）經常是處於「情緒」層次，但我們透過語言，要孩子停止行為，則是在「認知」層次上的施力，所以親子雙方像是在不同的頻道上，各自用力地表達，卻也都沒有理解彼此的聲音。

不過這本書的重點不在於討論親子教養，我只是想告訴你：**人們總是慣性依賴過往的經驗、傾向使用自己熟悉的方法來解決問題，即使這些方法並不管用**。

可是我們經常會催眠自己：「如果唸一次不夠，那就多唸幾次。」「如果用罵的無效，那就用打的。」然後一次又一次遭受挫敗、累積無力感，並且誤以為：原來我的能力很糟糕、無論我怎麼努力也沒用、我總是遇到不好的人……

這種結論當然是錯誤的，因為你和對方可能都沒有錯，只是用了不適當的方式與彼此溝通，因而創造出更多的問題、製造了許多無謂的衝突。

改變自己，才能提升衝突解決力

為什麼人們依賴慣性、傾向使用舊有的方式來行動？

有一部分的原因是為了「節省力氣」：學習新的事物往往需要推翻既有的想法、否定自己過去採取的行動，這會讓我們產生認知失調（請參考第二十一章）而感到不舒服，且學習陌生的新技能也得耗費額外的心力。（回想你剛開始學習騎腳踏車、開車，是否都投入不少力氣？）為了節省力氣，人們總是傾向於使用雖無效卻相對習慣的舊的策略。

另一個讓我們沿用舊策略的原因，則是因為我們缺乏更新、有效的方式。**我們生活在一個不擅長處理衝突、害怕面對衝突的環境，從小我們就被提醒寧可認錯、賠過，也盡可能避免與人發生衝突**。所以我們不但沒有被教導如何妥善面對衝突的策略，甚至還對衝突抱持著不切實際的恐懼感。

所以，有些父母不斷地幫孩子轉學，有些人頻繁地換工作，有些人在親密關係裡一再更換伴侶，總以為換個環境、換個對象就可以解決問題，彷彿一切都沒發生過。這種態度依舊是把責任歸咎於外在環境，卻不願意面對自己內在那一份對於衝突的恐懼。

練習、練習、再練習

我其實是一個很內向的人。

聽過我演講的讀者可能會有些懷疑：「怎麼會呢？你時常講笑話，逗得聽眾開懷大笑；在演講中分享的故事，也讓人感動落淚。而且你本身又是心理師，怎麼會是害羞的人呢？」

我到現在都還記得好多年以前，人生第一次登台演講的經驗。一個小時的講座，我準備了一個多月。後來我在台上幾乎是用背稿的方式、滿身大汗地「唸完」人生的第一場講座。那一個多月相當難熬，我有幾度焦慮到失眠、懷疑人生。

當時的我怎麼樣也沒想到，幾年後，演講竟成了我主要的工作之一。除了走遍國內各縣市，也跨足到其他國家。現在的我可以將現場觀察到的現象立刻融入演講的內容，即使投影機故障，也能持續演說，並且能夠自在且流暢地回應聽眾的提問。

這一切是怎麼辦到的？

我用的方式你們一定都懂，也都很熟悉，那就是：大量的練習。

是的，想改變過往的行為、學習一套新的策略，除了調整態度、學習技巧之外，最重要的事情就是練習、練習、再練習。

是時候把過往那些無效的觀點與技巧放下了，本書的第三篇將會提供你關於有效處理人際衝突的新觀點、新技巧，特別是用來因應過往那些令我們不太舒服的情境。

面對衝突，你要具備的新觀點

1 想要提升衝突解決能力，從改變自己開始。
2 衝突真正的目的是溝通，而不是攻擊對方。
3 衝突幫助我們了解彼此重視的需求與價值。
4 提升衝突解決能力，需要時間慢慢地練習。
5 衝突固然令人害怕，但往往也是帶來改變的契機。

「獨處」與「孤獨」是兩回事。

許多人錯誤地把這兩件事情劃上等號，那是因為他們沒有辨識自己的人際需求，也不懂得如何與自己相處，所以當身邊沒有人的時候，就不知道晚餐該吃什麼、想去哪裡走走、如何安排空閒的時間，以至於愈來愈害怕獨處的時刻。

能夠享受獨處的人未必會感到孤獨，但是經常感到孤獨的人，一定無法享受獨處。

五、已經習慣獨處，卻又害怕孤獨

——善用「分級制」，建立合適的人際需求

上高中以前，我的生活就是念書、補習，或者幫忙家裡的工作。

上高中到外地念書之後，班上有一群同學不只成績好，也會玩滑板、彈吉他、唱歌跳舞、聯誼等等，我從小就不太擅長主動與人互動，加上對這些東西相當陌生，更讓我覺得無法和他們打成一片。那種「想要加入，卻又不得其門而入」的挫折感長期累積下來，漸漸化成許多負面且矛盾的情緒。

我說服自己，「他們的興趣對課業完全沒幫助」，避免因為無法參與他們感到失落；但是，我也因為班上同學有活動不邀我參與而感到生氣、失望；偶爾有機會跟班上那一群同學出去聯誼、玩樂，卻又很快覺得無趣、不自在，中途找理由脫隊。久而久

之，他們出去玩，也不再找我，而我也因為他們的疏遠而感到更不舒服。

那兩年，為了否認自己像是被邊緣的人，我只好更用力催眠自己：「像我這樣認真念書才是對的，玩那些有的沒的只是浪費生命。」可是愈這樣告訴自己，我就覺得自己愈孤單，更期待可以參與同學的活動，但我又覺得那些東西我玩不來，也沒興趣……

某一次上課時，我無意識地在空白頁上隨手寫下幾句話：

「為什麼非得加入那一群人，才算是『有朋友』？」

「班上還有其他的同學，這兩年，你有注意過嗎？」

「別人一定要熱情地對待你嗎？你有主動和對方互動嗎？」

「幾次和他們出去玩的經驗，真的覺得快樂嗎？」

「如果不要求被關注，只是保持淡淡的往來，是不是反而沒有挫折感？」

停筆之後，我重複看了幾次，突然間，累積了兩年的困頓感像是被拔開的軟木塞，「啵」一地一聲，清新而自在的空氣流通全身，頓時感到無比輕鬆。我將這一張紙小心翼翼地收好，每當我陷入鑽牛角尖的想像時，把它拿出來看一看，就覺得放鬆許多。

這一張紙、這幾個字，到底有什麼神奇的效用呢？

如何回應？心理師這麼說——

獨處不等於孤獨

事實上，「獨處」與「孤獨」是兩回事。

許多人錯誤地把這兩件事情劃上等號，那是因為他們沒有辨識自己的人際需求，也不懂得如何與自己相處，所以當身邊沒有人的時候，就不知道晚餐該吃什麼、想去哪裡走走、如何安排空閒的時間，以致愈來愈害怕獨處的時刻。

能夠享受獨處的人未必會感到孤獨，但是經常感到孤獨的人，一定無法享受獨處。如果你覺得自己「已經習慣獨處，卻又害怕孤獨」，那麼你很可能只是習慣獨處，卻沒有學會享受和自己共處。

在鴻上尚史的《孤獨與不安》[2]一書裡提到，「享受和自己獨處」包括：

◆不只是吃別人固定時間提供的三餐，而是學習感受自己的飢餓，然後才去吃自己想吃的東西。

◆旅行時不是只依賴別人規劃的行程，而是思考、探索自己對哪些景點有興趣，喜歡哪一種移動方式與步調。

◆在生活中，不要花太多時間去煩惱是不是滿足了別人的期待，而是思考如何實踐自己重視的意義。

分辨自己的人際需求

那一張高中時期幫助我跳脫人際困境的小紙條，紙質沒有比較特別，筆管裡當然也不是什麼神奇墨水。那幾個句子之所以能夠幫我從人際關係的困頓中解脫，是因為它們提醒了我：「**你所追求的，並不是你真正需要的人際需求。**」

一直以來，我把大家認為好的人際關係當成自己的目標：

◆要結交很多朋友，才是理想的人際關係。

◆別人要主動與我互動，我才能感受到存在感。

◆別人要經常注意到我，我才能覺得自己是被重視的。

◆與學校（職場）最受歡迎的人當好友，才顯得自己是有價值的。

但是，這些真的是我要的嗎？如果沒有弄清楚自己的人際需求，即使擁有這些人際互動還是無法獲得真正的快樂。

上大學之後，我結交了幾位好友，到現在都還保持很密切的互動。從與他們的相處過程中，我才發現原來自己真正喜歡的人際關係是：

◆擁有幾個知心的好朋友，能夠尊重彼此、自在相處。
◆偶爾與好朋友見面，其他時間，獨處做自己喜歡的事。
◆必要時，願意放下手邊的事，參與對方重要的人生時刻。

這個社會認為的「好的人際關係」，或許並不適合每一個人。

每一個人的需求都不同。有些人喜歡搭慢車旅行、體驗各地小吃；有些人喜歡搭乘飛機或高鐵，品嚐奢華大餐；有些人喜歡蒐集各大都市的建築景觀，有些人熱愛探索神祕國度的文化。這些需求無關是非對錯，重點是找到自己的需求，才能找到讓自己自在的旅遊方式。

如果你經常覺得自己交不到朋友，總是遇不到「對的人」，請試著思考：**你渴望什麼形式的人際關係？你目前結交的朋友，可以帶給你正向的感受嗎？和什麼樣的人相處會讓你覺得安心、自在？**

人際關係分級制

電視節目有分級制，適當的年齡層觀看適當的節目。如果想要擁有自在的人際互動，**除了分辨自己的人際需求之外，我們也得幫自己的人際關係進行分級：與特定的人，建立特定的互動模式；對於不同的關係，抱持不同的期待**。

人際關係大致上包括家人、同事、師生、朋友，但不只如此。即使是朋友，也可以因為關係的疏遠、信任程度，再細分成不同「層級」。因應不同的等級而採用不同的互動方式，抱持不同的期待。

例如，依據關係的親疏與信任，可以將朋友區分成：

◆點頭之交：見面點點頭、問好。這個層級的互動就是禮貌打招呼，但不會是掏心掏肺與對方聊心事。

◆同事：正所謂「上班能共事，下班不相識」。這個等級的人際關係，主要的交集是職場的工作，雖然偶爾也會聊聊八卦，但不太會有太多私下的接觸。

◆朋友：平常會約吃飯、聊聊職場與生活的甘苦，有時候也願意為對方分憂解勞，但彼此在互動過程中，還是有所保留。

◆摯友：即使久未見面，也不太覺得尷尬，能自在地關心對方，能放心地與對方分享自己內心的脆弱與黑暗，對彼此的關心，大過於是非對錯的評價。

有些人在人際關係中之所以感到挫敗、覺得別人不理解他、沒有給出他想要的回應，往往是因為對「不適當的人」做出「不適當的行為」，以及抱持「不適當的期待」。

例如，向交情淡如水的同事傾訴你的家庭衝突、用客套表面的語氣與你的親密伴侶說話、對主管說出你對他的不滿、希望一群平常不太往來的朋友主動幫你慶生、期待前男友幫忙解決你的婚姻困境……這些不適當的互動與期待，不僅讓對方覺得不舒服、有負擔，他們的回應也可能讓你很受傷、很失望。

朋友沒有錯，你的行為、你抱持的期待都沒有錯，但因為你把這些選項不適當地兜在一起，因而造成可怕的結果。

面對人際關係，你需要具備的新觀點

1 別人認為好的人際互動模式，不代表一定適合你。

2 人際關係有親有疏，依照親疏程度，採取不同的互動才適切。

3 能夠享受獨處，才能擁有自在的人際關係。

4 對人抱持信任的態度沒有錯，但對方必須是適當的人選。

5 獨處與孤獨是兩回事，重點是我們能否學習享受獨處。

練習——評估你的人際需求

(1) 第一步：從以下表格中找出五項你目前的人際互動方式，然後打○。

(2) 第二步：找出五項讓你覺得自在、舒服的人際互動方式，然後打△。

(3) 第三步：請仔細觀察，如果你的「○」與「△」有許多重疊之處，代表你目前的人際互動模式與你期待的是相符合的，因此你在目前的人際關係中可能是比較自在與放鬆的。

	喜歡熱鬧，人愈多愈好。		在安靜的地方聊聊天。
	熱愛參與各種團體活動。		偶爾串門子，但不喜歡待太久。
	到處認識新朋友。		只與少數幾位熟識的朋友互動。
	喜歡廣泛而大眾化的話題。		喜歡深入且具啟發性的話題。
	下班之後，喜歡找人一起活動。		下班之後，傾向擁有自己的空間。
	一個人的時候覺得無聊、發慌。		在人群中無法獲得意義感。
	喜歡聊天，即使對象是不熟的人。		喜歡傾聽大過於說話。

倘若你的「○」與「△」鮮少重複，那麼你需要思考：為什麼你目前的人際互動並不是你覺得自在、舒服的？何以自在、舒服的人際互動方式沒有在你的生活中出現？如果可以，你希望如何調整目前的人際互動模式，讓自己可以比較自在呢？

註2：《孤獨與不安——「一個人也沒關係」的練習課》（寶瓶文化）。

六、打臉，不會讓溝通更順暢

——比起說服對方，你更需要的是尊重自我

生活在這個年代，打開電腦或手機，映入眼簾的經常是充斥著不同政治立場的爭論。針對同一件事情，媒體可以擷取截然不同的畫面，創造出天差地別的標題，內容當然也充滿了各自主觀的立場。

到後來，「真相」是什麼已經沒人在意了，因為不管怎麼偏頗，各家媒體都有各自的擁護者。至於底下那些來自其他陣營的謾罵與質疑，就成了促使版面人氣更熱絡的無償勞動者。

現實生活也是如此。

在親子關係中，父母經常想盡辦法要讓孩子聽從自己的意見。如果孩子不聽話，就等於不乖、不孝順、不懂事。「為了孩子好」，父母努力幫求學中的孩子安排補習、才藝班；幫成年的孩子投履歷、安排相親……

孩子呢？如果他們的提議無法被父母接受，就認為父母親是不開明的、跟不上時代、不民主的。所以他們透過各種偏差行為：輟學、自傷、偷竊、藥物濫用等等，企圖讓大人能夠感受他們內在不被理解的負面情緒。

在親密關係裡，如果你的另一半沒有接受你的想法，你就會覺得哀怨與不解。為什麼相處這麼久，對方還是無法理解你？是不是對方刻意忽略我們？是不是我們說得還不夠仔細、「暗示」得不夠清楚？既然如此，是不是就必須說得更用力？多說幾次？甚至用責備對方、質疑對方的手段來表達我們的委屈和鬱悶？

不知道從什麼時候開始，我們好像很習慣用「打臉」來教訓別人，讓他知道自己是錯的，你才是對的。或許你為某個議題做了詳盡的功課，俐落而響亮地「嗆」到對方體無完膚、毫無招架之力……然後呢？

當你打臉完對方之後，事情有因為這樣變得更好嗎？對方的反應是你期待的嗎？你的心裡又滿足了什麼？你們的關係有因為你的打臉而改善嗎？

如果「打臉」無法解決人際衝突，那絕對不是意味著你要打得更用力，而是在提醒你：「面對『差異』，『打臉』並不是有效的方法。」

如何回應？心理師這麼說——

減少無謂的衝突

我常看到現實生活中明明交情還不錯的兩個人，在臉書上為了各自的價值觀、政治理念，爭得死去活來，甚至不惜花時間去找出歷年來的相關新聞報導、對方的留言紀錄，就只是為了「打臉」對方，證明自己才是對的。

即使對方講不贏你、回不了話，你又得到了什麼？這樣的結果是你要的嗎？如果你認為「為了捍衛自己的價值，可以不惜犧牲這段交情」，那是否代表你們的交情沒有比你的價值觀來得重要？既然如此，你又何必花心思為這一段「其實也不是很重要的關係」爭吵呢？

你有多用力打臉對方，就有多想被對方了解

如果「打臉」的目的是「說服」，那麼說服的目的又是什麼？或許是要向別人證明自己的想法是對的、讓別人願意認同我們的想法，對嗎？但是，一個你完全不在意的對象，你會想花力氣去說服對方嗎？不會的，因為根本沒那個必要。

所以**你打臉的對象，往往就是你在意的對象**。

隱藏在「打臉對方」背後真正的意圖，是希望對方理解、接納、認同你。而你打臉對方的力道，同時也反映出你有多麼渴望被別人了解與認同。

倘若你的期待是讓對方能夠理解、認同你，那你覺得應該是要讓對方在跟你互動時感覺更好，還是更糟糕？難不成你認為當對方被你修理到體無完膚、無地自容之後，還會滿懷感謝、真心誠意地反省自己，並且接受你的價值觀？你不覺得這是很荒謬的邏輯嗎？

暴力，無法帶來真正的理解

可惜的是，我們的文化好像已經習慣用說服、責罵、控制的方式來壓制不同的意

見、要對方聽話，並且改變對方。這種近乎暴力的手段看似有一些效果，但那種改變並不是發自個人的內心，對彼此的關係，也絕對是傷害大過於助益。

就像父母對孩子、主管對員工、伴侶對彼此，任何夾帶暴力、威脅的命令與控制，都只會讓對方因為心生恐懼而不得不屈服於你。表面上，你成功地讓對方表現出你期待的行為，實際上，你已經傷害了你們的關係。

打臉或許能讓對方知道你想傳達的意思，但對方絕對無法同理你的情緒。當然，也不會想跟你有更親密、更深入的接觸。面對彼此的「差異」，需要用溫和而堅定的態度進行溝通。

溫和的態度

溫和，是對他人的尊重。

我們用尊重的態度和對方溝通、說明，讓對方有機會了解我們的想法與需求。無論對方能不能理解、接受，我們都表達出對對方尊重的態度。

溫和不是委屈自己。我們的文化雖然也提醒我們待人要溫和客氣，可是這種溫和客氣往往是奠基在「壓抑、委屈、犧牲」自己的前提之下，委屈久了、壓抑久了，不舒服的感覺就會堆滿情緒水缸（請參考第十六章），我們的耐心因而降低，脾氣也容易失控。

有時候我們將這些負面情緒投擲到身旁那些既無辜，卻又願意包容我們的親朋好友身上；有時候，這些負面情緒也可能意外地在重要場合爆發，造成難以收拾的場面。

我認為的溫和是**尊重他人有不同於我的想法的權利**，雖然在情緒上還要用溫和的態度與對方互動，好像會讓自己有點委屈，但那絕對不是為了壓抑自己、討好對方。

不過在任何一段關係裡，只有溫和是不夠的。那會讓我們覺得自己好像是被忽略的、不重要的。如果想要對別人溫和，同時也能維持自己的價值感，就必須同時具備另一項態度——「堅定」。

堅定的態度

堅定，是我們對自己的尊重。

我們清楚自己的感受、期待、限制，不委屈自己去接受那些自己不喜歡、不願意、做不來的要求。即使對方不認同我們，也不代表我們的想法或價值觀是錯的或不好的。

堅定的態度是在**尊重自己與不刻意傷害他人的前提之下，捍衛我們自己的立場**。至於別人接受與否，那並不是我們能控制的。有時候對方會因為我們的拒絕或堅持而感到生氣或難過，即使我們也不樂見這種狀況，但那也是沒辦法的事情。

◆我無法控制別人說什麼，但我可以決定用何種態度回應。

◆我無法決定別人會提出什麼要求，但我可以決定要不要接受，或者依自己的能力決定完成多少。

◆我無法決定別人用什麼表情面對我，但我可以練習試著不要把他人的一舉一動全都往心裡去。

◆別人或許會威脅我，但我可以練習用不同的方式因應。

溫和的態度可以避免引起無謂的紛爭，堅定的態度則可以幫助別人了解你的想法、需求，以及底線。

「大家」其實沒有你想像的可怕

即使是身為心理師的我，偶而也會被「『大家』都覺得我很糟糕、『大家』都不認同我」的想法給困住。但實際想一想，「大家」到底是指誰？難道世界上所有人都看我不順眼、不喜歡我？這當然是不可能的事情。

即使公司或學校裡有人看我不順眼，但那些人如果不敢站出來與我對話，也不至於影響我的生存，那他們看我順不順眼，對我又有什麼影響？

「大家」是非常模糊的代名詞，實際上或許只是一個人，或許你根本不清楚這當中到底有誰。**「大家」很容易讓我們誤以為周圍全部都是敵人，導致我們放大了內心的不安。**

學習肯定自我

曾經在網路上看過一則笑話：

禪修的大師：「如果有人不理解你、又總是反駁你的想法，無須與他爭論。簡單回答：『謝謝你，我知道了』就好了。」

路過的民眾：「我覺得不是耶，你這種想法有很多瑕疵、很幼稚。」

禪修的大師：「謝謝你，我知道了。」

我們當然都希望自己的想法、需求、價值觀，可以被他人認同，尤其是重要的朋友或者親密的家人。但是即使對方不認同你，也不代表你就是錯的。**學習接受「每個人都**

是獨特的」，所以差異是人際互動中必然存在的現象。帶著這樣的態度，提醒自己，避免去攻擊不同於我們的價值，也才能讓自己過得更自在。

面對不同的意見，你該具備的新觀點

1 暴力只能達到控制與壓制，無法建立親密、信任的關係。

2 愈是你重視的人，愈不該用打臉作為溝通的方式。

3 溫和而堅定，是尊重彼此最好的溝通態度。

4 面對價值觀的差異，學習尊重別人，也學習肯定自己。

5「大家」經常是因為不切實際的想像而放大的虛構對象。

七、都是你的錯！是你害我……

——擺脫邊緣人生，從改變自己開始

面對改變，人們最常用來作為拒絕行動的藉口就是：「都是別人的錯，所以我只好……」

例如：「我或許不該用這種口氣說話，可是別人總是令我生氣。」「我當然知道要試著做改變，可是我就是辦不到。」「我知道天天靠北主管很沒營養，可是主管不換人，我還能怎樣？」

正因為多數人習慣用這種邏輯來思考，所以我們的生活經常上演鬼打牆的劇情：

學生：「都是同學先欺負我、老師又不幫忙，我只好以牙還牙。」

同學：「如果不是他太白目，誰想要跟他有瓜葛？」

家長：「都是同學不友善、老師管教不力，害我的孩子害怕上學。」

老師：「一定是家庭教育失敗，全家人才會這麼不可理喻。」

說著說著，大家開始吵成一團。

孩子堅持自己是遭受霸凌的受害者，父母對老師充滿怨懟、不信任，老師也對父母和學生感到灰心與敵意，班上同學繼續看好戲……結果問題不但沒解決，彼此的心情更糟糕，關係更惡劣。

所以，「問題」到底出在誰身上？誰需要先做改變？

人們經常認為自己之所以無法採取新的行動，都是因為別人的錯，問題都出在別人身上，是別人害你被困住，所以你不需要負任何責任。如果抓著這種邏輯不放，你永遠都無法長出改善人際關係的能力。因為你總是把自己放在一種無能為力的位置，等待他人先做改變。

許多人苦於想要改變別人而未果，認為責任都是在別人身上，是別人不懂得反省。他們的抱怨總是圍繞在「因為別人不改變，所以害我一直受苦」。

你會這樣想，別人當然也會這樣想。

當你滿心期待對方改變的時候，或許對方的想法也跟你一樣：「是對方有問題，該改變的人是對方。」誰也不想先改變，所以關係就處在僵持的狀態。

如何回應？心理師這麼說——

「不舒服」是提醒你改變的訊號

與你分享我在創業過程中的一小段經歷：

我的工作性質趨近SOHO族，自己接案子，然後到不同地方授課、做心理諮商。因為我幾乎每天都在不同縣市，甚至不同國家往返，花在交通上的時間與費用也相當可觀。因此，我在工作邀約的網頁上清楚寫著：「外縣市邀約須提供往返交通費。」即便如此，還是會有機構表示：「本單位不提供交通費。」「無接送，可自費搭計程車往返。」甚至還有機構表示：「請您發揮愛心自行支付交通費用，協助做公益。」除此之外，有些機構則是在演講後「自動添加」一段討論的時間等等。

剛開始遇到這類狀況，我都很不開心，腦袋像是跳針般重複抱怨：

◆為什麼不看清楚網頁的說明？

◆是否因為我名氣不夠，所以看不起我？

◆車資就花掉我一大半的講師費，那我不就等於做白工？

面對這種狀況，內心經常上演拉扯戲碼：不答應邀約，就少了一筆收入；答應邀約，又因為覺得被占便宜而不開心；如果要求對方提供交通費，又擔心讓人家認為我很小氣、錙銖必較……

事實上，若是碰到經費真的有困難的機構，甚至是偏遠地區的單位表示難以找到講師，我都很願意前往協助，因為我認為知識應該是用來分享，而不只是謀取利益的工具。但前提是我心甘情願地付出，而不是在未經討論的情況下就理所當然地要我犧牲配合。

帶著這一份受委屈的心情，多多少少會影響我的工作品質，以及對機構的負面觀感。

然而，心理師要幫助他人之前，最重要的是先安頓好自己的心。面對這種負面情緒，我如何才能幫助自己平靜一些呢？

改變，從自己開始

「可是你的規定寫得很清楚，是對方沒看清楚，需要改變的是對方而不是你啊！」

不知道你會不會有這種想法？

我起初也是這麼想的。

但是我每年都有超過上百個合作單位，如果想要改變他們，那樣的任務可是繁雜到連阿湯哥都會抓狂的！

請記得：**「改變，必須從自己開始。」你沒有辦法控制別人的行動，但是你能夠決定自己要如何回應對方。**

我沒有辦法控制對方在邀約時會提出什麼要求，但是我可以練習心平氣和地讓對方知道我的期待，包括：講師費、交通費、某些地區需要對方協助接送，以及上課需要的設備等等。堅持這些事情的目的只有一個：為了讓我保持穩定的狀態，然後提供最佳的上課品質。

我從改變自己的回應方式開始，練習提出清楚且具體的課程需求，讓自己可以更自在地工作，也讓參與課程的聽眾獲得最好的學習品質。

改變自己，比改變別人容易

仔細回想一下，你身上有哪些「壞習慣」？你被父母與老師唸了十幾二十年，甚至你也不斷提醒自己要改變，但是你改變了多少？如果我們都很難改變自己，又怎麼會認為要求對方改變是一件容易的事情呢？

多年前，有一句很有名的廣告旁白：「刮別人的鬍子之前，先把自己的刮乾淨。」我的想法是：「你可以隨心所欲刮自己的鬍子，但不需要去管別人的鬍子。」

人際關係就像環環相扣的齒輪，一方轉動，很可能會帶動另一方的轉動。如果你想要好好經營一段關係，那麼你也得為這一段關係的品質負起部分的責任。

改變，與你想像的不同

或許你仍舊覺得困惑：「我們的改變，到底有沒有影響對方？有沒有造成對方的改變？」

請容我提醒你：把「改變自己」用來當作「對方也必須改變」的條件交換，這是多數人對「改變」的認知。這種認知傾向於究責，但對事情並沒有益處。

我們要對「改變」有更新的理解：我們練習改變自己，不是為了改變對方，要求對方也做出等同的改變，而是**在既有的環境底下、在自己能夠接受的範圍內，藉由調整自己的行為，讓自己可以在這一段關係中，覺得更舒服、更自在。**

回到我前面提到的例子。

我調整自己的回應方式，是為了讓對方清楚我的需求，讓我們試著一起合作、創造出最佳的授課環境。如果我勉強答應了邀約，卻因為種種原因影響上課品質，結果聽眾不滿意，機構也不再邀請我。那麼我一開始的壓抑和忍耐，對自己與主辦單位不但沒有幫助，反而還是傷害。

人生無法盡如己意

「如果我改變了自己，事情依舊無法變成我想要的樣子，那改變還有意義嗎？」

關於改變，有幾個態度，值得我們放在心上：

1. 改變所帶來的影響不是全有或全無，即使結果沒有全然如你原本的設定，但是否有一些正向的改變產生，我們卻沒有發現？

2. 如果我們改變自己，事情卻沒有太大的變化，至少我們已經主動做出努力，也知道努力的方向還可以調整，再試試別的方法。

3. 停在原地抱怨只是耗費能量，主動做出調整，才可能為自己的情緒帶來一些不同。

我也曾經在說明課程要求後，對方表示無法配合，甚至沒有回信。那也沒有關係，畢竟大家都是成熟的大人了，有話就好好講、講清楚，能夠接受就合作，不能接受就另請高明。

如此而已。

停止製造更多負面情緒

「從自己開始改變」有一個積極的目的，那就是停止「抱怨」。

抱怨或許能夠抒發情緒，但卻無法解決問題，甚至還會製造出更多負面的情緒。

當一個人習慣用抱怨來面對生活時，他的注意力都關注在負面的層次。關注久了，他的觀點就被侷限在負面的事物上，他無法欣賞自己與他人的好，卻總能在不顯眼的地方找到可以指責的細節，甚至把每一件事情都扭曲成是負面的、糟糕的。

一開始，你因為生活遭遇的困難而抱怨，後來卻被困在自己的抱怨裡。

如果你還是很希望對方改變……

當然，你也可以試著把這本書「掉落」在某些顯眼處、讓對方有機會「碰巧」看到，然後邀請他拿起來閱讀、練習裡面的技巧，進而改變你們之間的關係。

但如果對方真的開始閱讀這本書，你會希望他利用這些技巧來改變他自己，還是改變你呢？你當然還是希望他可以改變自己吧。

既然我們都希望別人管好自己、不要企圖改變我們。同樣的道理，我們也從改變自己開始吧。

如果你聽見自己的內在有一股聲音大聲抗議：「不公平！為什麼不是改變他？為什麼要從我自己開始改變？」那很可能是因為你內心的情緒水缸還有好多好多受委屈、挫折、無力的情緒。

改變自己的目的並不是要迎合、討好對方，然後犧牲或貶低自己。相反地，**改變自己是為了不再只是配合他人，並且在自己也能接受的範圍裡，落實新的態度與行動方式，讓自己過得更舒服、更自在。**

面對改變，你該具備的新觀點

1從今天起，減少「都是別人的錯，所以我只好……」的心態。
2你的改變，往往也能帶動他人的改變。
3如果你不喜歡別人要求你改變，你也沒有理由要求他人改變。
4「改變自己」就是一種目的，而非是要別人也跟你一起改變。
5改變自己不是為了討好或示弱，而是讓自己活得更自在。

練習

1試著寫出「改變自己」可以為生活帶來的三個好處。
2說說看：如果你改變了，別人卻沒有改變，那麼改變自己的意義是什麼。
3「抱怨」雖然紓壓，為什麼也為我們製造更多負面情緒？

第二篇、有效互動：拉近彼此的距離

人際溝通不是透過Wifi或藍芽。
停止曖昧與猜測的心理遊戲，把話說清楚，
才能幫助別人，有機會理解我們。
有了理解，才不會覺得孤獨，
才能從人際關係獲得歸屬感。

八、親愛的，你知道今天是什麼日子吧？

——善用「我訊息」，讓別人更了解我們

客廳裡，一位父親因為資金周轉壓力愁眉苦臉。孩子趨前關心，父親回應：「我沒事，不用擔心。」孩子一聽到爸爸說「沒事」立刻露出燦爛的笑容問：「爸，那我可以買手機嗎？」結果此話一出，原本烏雲罩頂的客廳瞬間風雲變色、雷電交加……

電視機前，一位青少年雙腿擱在茶几上，舒服地看著NBA季後賽直播。此時，母親手上的拖把剛好清掃到茶几下方。孩子把腳放下來，開口問：「媽，需要我幫忙嗎？」母親看了一眼說：「不用了，沒關係。」孩子聽到「不用了」三個字，立刻又把注意力拉回場上的激戰。沒想到當天晚上，母親在餐桌上抱怨：「整間房子好像只住了

我一個人，打掃、煮飯、家事都沒有人要幫忙……」

捷運出口，一對夫妻正要分別往自己的公司走去。臨走前，妻子吻了先生的臉頰，撒嬌地說：「親愛的，你知道今天是什麼日子吧？」說完後輕盈地快步離開。愣在原地的先生一身冷汗，他知道這不只是問句，而是祈使句。可是他怎麼樣就是想不出來今天是什麼日子：「初一、十五？百貨週年慶？還是卡費截止日？」他整天魂不守舍、無法專注工作，因為他有預感：「若沒想出正確答案，下場可能會很淒慘……」

在我的講座裡，經常會有人提出這些情境。

A方總是感到難過：「為什麼我的家人、摯友、愛人，總是不理解我心情如何？喜歡什麼？需要什麼？」B方則是覺得困惑：「你有什麼想法，為什麼不直接告訴我呢？」

話才一出口，立刻引來A方不可置信的抗議：「為什麼這麼簡單的事情，還要我說出口？」「如果你真的愛我，就應該會知道我在想什麼！」「都要我說出來，你才能懂，就代表你還不夠了解我！」

看著這些對話，你覺得哪一方說的比較有道理呢？

如何回應？心理師這麼說——

「誤解」是人類的專長

你知道嗎？其實「誤解」是人類的專長之一。

為什麼人們容易誤解對方呢？我簡單摘要人們溝通的歷程，你就能了解：

1. **你說話，他聆聽**：他在聽的過程中，有些訊息沒聽到、有些沒聽懂。

2. **他聽，然後理解**：他把聽到的訊息加以整理、歸納，變成他能理解的事情，這中間無可避免地會加入他的想法、價值觀與猜測。

3. **他理解，然後說**：他表達出來的內容，可能跟他所理解的有一些出入，無法百分之百如實傳達他的想法。

4. **他說話，你聆聽**：你在聽的過程中，有些訊息沒聽到，有些沒聽懂。

5. **你聽，然後理解**：你把聽到的訊息加以整理、歸納，變成自己能理解的事情，這中間加入了你的想法、價值觀、猜測。

看到了嗎？從你「把一句話說出口，然後獲得對方的回應」，這個看似簡短的過程卻是充滿了複雜的行動。

有玩過「超級比一比」的人就知道，從第一個人看到題目，透過肢體語言，讓下一個人猜題目，然後這一個人看完、猜想之後，再透過肢體語言，把訊息傳遞給下一個人……隨著傳遞的人數增加，這過程中被忽略和扭曲的訊息，已經很難讓後面的人猜出最初的題目到底是什麼。

幾乎所有的溝通都包含上述五個步驟，每一個步驟都有機會發生誤差，種種誤差加起來，很可能就讓彼此之間的原意差了十萬八千里。

我們生活在一個由語言建構出來的世界，「說話」雖然不是人際溝通唯一的方式，但卻是最重要的管道。學習把話說出來，並且把意思說清楚，才有可能降低對彼此的誤解、減少不必要的衝突。

別人有機會理解我們嗎？

我們經常覺得別人不了解我們，所以覺得孤單、無助。可是**請你仔細想想：到底是別人不了解我們，還是我們沒有「提供機會」讓別人了解我們？**

我們總覺得不應該麻煩別人、避免表達情緒、避免說出自己的需求，有時候我們甚至天真地以為：「如果對方夠愛我們，就會知道深藏在我們內心，沒有說出來的感受與需求，這才是心有靈犀一點通……」

最好是啦！

人跟人的互動不是憑藉WIFI或藍芽，而是清楚具體的語言。有時候說穿了，其實我們也不知道自己怎麼了，需要什麼，如果連我們都不了解自己，那又怎麼能苛求對方一眼看穿我們的心情或需求呢？

所以，如果你希望別人更了解你，那你必須先清楚自己需要什麼，並且練習清楚地把這些聲音給說出來。

這些聲音大致上可以歸類成：情緒、需求，以及限制。

說出自己的情緒、需求、限制

◆**情緒**：例如開心、難過、悲傷、緊張、害怕等各種情緒。

我們總是掩藏自己的真實情緒，避免讓別人覺得我們是脆弱、不完美的。有時候即使開心，也要提醒自己不可以太明顯，免得別人覺得我們太自傲、缺乏同理心。這個文化對於情緒的表達總是嚴格又充滿規矩。但自我壓抑到後來，別人可能無法理解你的狀態，而你也與自己的內心愈來愈疏遠。

◆**需求**：你需要被協助的部分，像是需要家人分攤家事、工作時需要家人暫時安靜一些、生病時需要同事幫你代班等等。

人類是群居性的生物，相互依賴、合作分工都是有助於生存的重要能力。可是我們從小卻被期待要獨立自主，總覺得如果有求於人就是麻煩他人，也代表自己是沒有能力的，也擔心因此欠他人人情。但是**在親密關係中，適時表達自己的需求，可以讓對方更理解你，覺得對你是有幫助的，也因而拉近與你的距離。**

◆**限制**：也可以稱作是你的「地雷」，舉凡你做不到、不喜歡、不敢、不想要的。例如，害怕上台演講、不喜歡吃某種食物、討厭別人擅自動你的東西、不敢與主管爭論等等。

如果你未曾讓別人知道你的限制，再加上以前別人要你做某些事情時，你也沒有明確拒絕，那麼別人很可能會時不時碰觸你的地雷。這顆地雷經過長時間的壓抑、忍耐，直到有一天終於爆炸、波及自己與他人。

當你能清楚覺察自己的情緒、需求，以及限制之後，還需要搭配清楚的表達，才能讓對方也理解你。這時候，「我訊息」（I message）的技巧就可以派上用場。

「我訊息」三步驟

1. **我知道你＿＿＿＿＿（需求、情緒、限制）**

這句話帶有「同理」的成分，在你需要別人協助你某些事情之前，先行表達出你對他的理解、同理，藉此讓對方減少防衛，也讓他感受到你的善意。

2. **但如果你可以＿＿＿＿＿（行動）**

有時候你不講清楚，別人也不知道該如何跟你互動。這句話的重點在於讓對方知道你期待的行為，也幫助他獲得具體的行動指引、知道如何與你互動。

3. **我比較能夠＿＿＿＿＿（行動、情緒）**

讓對方知道當他用了2.的方式與你互動之後，你會有什麼樣的反應。

透過「我訊息」技巧，讓我們有機會理解彼此內在深層的訊息，以及我們期待對方出現的行為，也讓對方可以預期我們的行為與情緒。藉由「我訊息」，可以減少彼此之間的猜測，以及互動過程中的挫敗感。

「我訊息」的實際運用

我舉兩個生活中常見的例子，並且示範「我訊息」可以如何使用：

◆情境一：孩子在外面玩到很晚才回家，父母親在家裡等待孩子，內心的焦慮漸漸轉變成憤怒，並且在孩子踏進家門的那一刻即將爆發……

傳統回應：「你是死去哪了？不會打個電話回家嗎？從今天開始不准出門！」

我訊息：「我知道你想在外面玩晚一些（理解需求），但若你可以先打個電話回家（行動），我們比較不會這麼擔心你（情緒）。」

◆情境二：小朋友在學校打架，被導師帶到輔導室，但一臉倔強、什麼話都不肯說。

傳統回應：「發生什麼事？給我說！為什麼要用這種野蠻的行為？」

我訊息：「我知道你很生氣（同理情緒），但是如果你可以好好說明（行動），我比較知道怎麼幫助你（行動）。」

化被動為主動

猜忌只會帶來不安，並且讓關係變得曖昧不清、距離更遙遠。

在人際互動中，適時地表達自我是很重要的能力之一，尤其是在我們認為重要的關係裡，更是需要這麼做。或許對方不一定都能滿足我們的需求、也未必能完全體會我們的心情，但「我願意真誠表達，對方也願意真誠聆聽」的過程，就是人與人之間最可貴的互動。這樣的互動也能夠讓我們建立起信任的、溫暖的、安全的關係。

練習

1 為什麼人與人的溝通過程中，「誤解」幾乎是必然產生的現象？
2 藉由表達自己的哪三個面向，可以有效幫助對方了解我們？
3 「我訊息」包含哪三個步驟？每一個步驟的重點是什麼？

九、善用提問技巧，讓互動更舒適

——用對的方式提問，提升互動品質

還記得我的好友Peter嗎？幾年前他被外派到印尼擔任高層管理的職務。在職場上，他是一位樂於主動關懷員工的主管，但他感嘆現在的年輕人相當冷淡，無論他怎麼表達善意，對方好像都不太有回應，感覺自己像是用熱臉去貼別人的冷屁股。

我邀請Peter演練一段他關心員工的過程，試著從中找出原因。我用Peter的風格扮演主管，由他扮演被關心的員工：

我（飾演Peter）：「你好，你住屏東嗎？」

Peter（飾演員工）：「對。」

我：「屏東好玩嗎？」

Peter：「還好。」

我：「從屏東來印尼，很遠吧？」

Peter：「對。」

我：「你喜歡印尼嗎？」

Peter：「還好。」

我：「那你喜歡這份工作嗎？」「員工餐廳的伙食還吃得慣嗎？」「工作上有沒有需要協助的？」

「呃……我好像知道原因了……」才演練沒幾句，Peter就露出恍然大悟的表情。

你也發現了嗎？Peter所使用的問句，對方都只能簡短回答。所以或許不是員工對主管的回應很冷淡，而是主管問的問題讓員工只能如此回應。

我們再把場景轉換到學校辦公室。

難得下午沒有排課，張老師煮了一杯香噴噴的咖啡、準備好好來訂正堆積如山的回家作業時，學生A突然出現在辦公室門口。張老師心裡暗叫不妙，因為A是很喜歡問問題的學生，一旦被他「纏住」，恐怕會有回答不完的問題。

才一會兒A生已經來到面前，滿臉期待問：「老師，我可以問你問題嗎？」

看著A生笑咪咪的臉蛋，老師一方面覺得不應該拒絕學生，但同時又擔心如果答應了，原本想用來處理工作的時間就泡湯了。思考的時間只有短短幾秒，於是他基於慣性客氣地回應：「你想談什麼呢？」

A生聽了眼睛一亮，順手拉了張椅子坐過來：「謝謝老師，我有好多好多問題想要討論的，首先第一件是……」這一開口，猶如下過暴雨後的濁水溪、滔滔不絕……

張老師在心裡痛苦吶喊，萬般後悔自己方才的回應。

其實，不管是熱心關心員工的Peter，還是想要利用時間訂正作業的張老師，只需要調整原本說話的方式，善用「開放式問句」與「封閉式問句」，就能有效化解他們的困境。

如何回應？心理師這麼說——

什麼是封閉式問句？什麼又是開放式問句呢？我用考卷上常見的試題形式來說明，你一定很快就能理解。

封閉式問句

「是非題」、「選擇題」與「填充題」都屬於典型的封閉式問句。舉凡：是不是、好不好、對不對、可不可以……都是「是非題」，面對這種問句，對方通常只能從兩個答案裡面挑一個回答。

「選擇題」則是讓對方在幾個特定的選項裡面做選擇，例如：「日本、香港、澳門，你最喜歡哪一個地方？」「你要加92無鉛、95無鉛，還是超級柴油？」以及有些店家鼓勵客人消費的手法：「加入會員就送電鍋、果汁機、吸塵器，三選一。」

封閉式問句適用在關係建立的初期，這時候彼此之間還不是很熟悉，透過簡單的問句，可以讓彼此輕鬆地應答，不至於冷場、也不會有被冒犯的感受。例如：「你是台南人嗎？」「你喜歡這家店的炒麵嗎？」「你在IC設計部門嗎？」

另外，封閉式問句**也可以在短時間內幫你蒐集具體、明確的資料**，例如：「要喝多多綠的夥伴請舉手。」「我們要先討論A案，還是B案？」「關於今天要報告的資料，你整理好了嗎？」

開放式問句

「簡答題」、「申論題」屬於開放式問句，問句裡通常會包含「什麼」、「為什麼」、「如何」。

例如：「你的興趣有哪些？」「對於這次總統大選，你有什麼看法？」「為什麼你願意捨棄高薪、到偏鄉服務？」「這麼困難的任務，你是如何完成的？」

相較於封閉式問句，**開放式問句更適合彼此有些熟悉的人際互動上，跳脫表淺的互動，更深入地認識彼此**。當然，開放式問句也有助於蒐集更廣泛與深入的資料，例如，關於對於「居住形式」的喜好，我們用這兩種問句來詢問，獲得答案的深度截然不同。

◆封閉式問句：「你喜歡住透天厝？還是大樓式住宅？」得到的答案就是兩者其中之一。

◆開放式問句：「你喜歡什麼樣的居住形式？理由是什麼？」你獲得的答案可能會相當豐富，甚至超出你原本設定的範圍。

問句用得當，事情更順暢

開放式問句與封閉式問句沒有優劣之分，各有不同的功能，在適當的場合派出適當的問句，就能夠有效幫你解決問題，但若用錯了，也可能讓你事倍功半。

如果在人潮眾多的速食店裡，負責點餐的工讀生問客人：「你喜歡吃什麼？」「是什麼原因，讓你這麼喜歡吃薯條？」「是什麼動機讓你決定今晚來這裡吃飯？」不但點餐的客人傻眼（我只想趕快拿到餐點、衝回家看電視啊），後方的店經理也會抓狂（客人大排長龍，你不趕緊完成點餐，在搞什麼鬼啊）！

如何決定在哪些場合使用哪一種問句？你可以參考三個主要的依據：

1.資訊精確度

如果你需要的是精確、不容許含糊的資訊，記得使用封閉式問句，引導對方回應你清楚而具體的回應，例如：明天的資料整理好了嗎？下週三要去日本的飛機幾點起飛？關於手機月租費有三個方案，你要選哪一個？

如果你想針對某件事情蒐集廣泛的資訊，開放式問句可以幫助你讓對方透過不設限的、創意的、聯想的形式回應你的問題，讓你可以蒐集到相對廣泛的回應，並從中獲得兼具深度與廣度的訊息。

所以Peter在關心員工時，可以改用開放式問句：「從台灣到這裡，你都怎麼規劃交通比較順暢？」「柬埔寨讓你印象深刻的是什麼？」「生活上比較不習慣的有哪些？」相信員工會有不同於以往的回應。

2. 可運用的時間

開放式問句可以蒐集到相對廣泛豐富的訊息，但需要的時間也比封閉式問句多。如果時間有限，請善用封閉式問句來幫你蒐集必要的訊息即可。所以上述例子裡的張老師，可以使用封閉式問句問Ａ生：「你有幾個問題想討論？」「我有五分鐘的空檔，你可以從中選擇一個你最想討論的來聊一聊。」如此一來，不僅不需要拒絕學生，也不至於因為突然出現的Ａ生而中斷了預計的工作計畫。

3. 溝通的意願

如果你不想與對方有太多互動，請使用封閉式問句，讓對方只能回應簡短的答案，迅速結束你們的對話。如果你希望與對方有比較多的互動，那當然要善用開放式問句，增加你們互動的空間。

一般而言，這兩種問句在人際互動中通常會交互使用。但是在關係建立的初期，封閉式問句通常會讓彼此感到比較放鬆，不會因為要回答太多問題而尷尬；等到關係熟一些，就可以透過開放式問句讓彼此有更多互動，增進對彼此的了解。

妥善使用開放式與封閉式問句，不僅可以幫助你蒐集到你想要的訊息，也讓彼此的互動保有安全感、更自在，進而建立更自在的人際關係。

練習

1 請判斷下列何者是開放式問句？何者是封閉式問句？

你喜歡看電視嗎？

你喜歡哪些節目？

晚上去看電影好嗎？

週末你有什麼規劃？

關於廢除死刑，你看法是什麼？

你最喜歡NBA裡的哪一隊？

你支持手機月租費調降嗎？

2請判斷以下情境適合哪一種問句？是開放式，還是封閉式？

你的時間有限。

你有寬裕的時間。

你需要獲得簡短、清楚而明確的資訊。

你需要的是充滿創意、超出你預期、豐富的回應。

你不想與對方有更多額外的接觸。

你期待與對方有更多互動的時間。

如果想要擁有自在的人際互動，除了分辨自己的人際需求之外，我們也得幫自己的人際關係進行分級；與特定的人，建立特定的互動模式；對於不同的關係，抱持不同的期待。

十、「都可以」——到底是可以？還是不可以？

——提供選項，別讓自己裡外不是人

「兒子～晚餐想吃什麼？」秋慧下班後拖著疲憊的身軀回到家，肩上的包包都還沒放下就準備張羅晚餐。

客廳裡，專心看著卡通的孩子懶散地回應：「都可以啦……」

「老公～晚餐想吃什麼？」秋慧大聲詢問書房裡的先生。

還在忙著聯絡客戶的先生也從房間裡大聲回應：「隨便。」

「都可以？隨便？」這下子，秋慧又陷入困難的抉擇。

她絞盡腦汁回想：「昨天晚餐是陽春麵，前天晚餐吃咖哩飯，炒飯和海鮮粥上週都吃過了……」

想著想著，車子已經駛出巷子。

等紅燈時，她發現家裡附近開了一間臭臭鍋，於是靈機一動：「一個喜歡吃辣，一個喜歡吃火鍋，太好了！這東西既少吃，又都符合他們的口味。」於是就在擁擠的車潮中來了個驚險的右轉，奮力將車停在門口，趕緊衝進店裡點了三碗不同口味的臭臭鍋。

回到家，當她把晚餐端上桌時，兒子露出了嫌棄的表情，一手捏著鼻子說：「矮額～好臭喔，這是什麼東西啊？」先生則是皺著眉頭，語帶抱怨：「嘖！你怎麼亂買呢？」

「你們不是說『都可以、隨便』嗎？」秋慧有些委屈，她甚至沒有考慮自己想吃的東西，一心只想著家人的喜好。

「我說隨便，你還真的就隨便買？」先生翻了個白眼，走向廚房的櫃子拿出三包泡麵。兒子見狀立刻緊緊跟上：「喔耶！我也要吃泡麵，泡麵最好吃了！」

不一會兒，廚房傳來陣陣泡麵的香味和歡呼聲。而客廳裡，只留下一把怒火正在蔓延的秋慧。

如果你已經工作一整天、還得負責張羅家人的晚餐，面對這種情境，肯定相當不舒服。此刻，你的內心可能重複著幾句令人惱火的聲音：

◆嘴巴說隨便，結果一點都不隨便，到底是怎樣？
◆工作了一整天，還嫌我不夠累嗎？
◆我很用心準備，為什麼不領情？
◆從今天起，晚餐你們自己看、著、辦！

回想一下，你的周圍是否有這種人：無論你問他什麼問題，得到的經常都像前述的回應：「還好、都可以、隨便、都行。」但不管你怎麼做，他總覺得你做得不夠好，不是他想要的。

與這種人互動，最辛苦的地方就是你都不做，好像對不起對方；但你付出了努力，得到的經常是對方的抱怨。

如何回應？心理師這麼說——

「不知道、隨便、都可以」為何令人惱怒？

這些回應之所以令人惱怒，是因為你提出問題，想確認對方的想法，但是對方的回應總是模稜兩可。你聽不太懂對方的意思，卻又不知道如何釐清。有時候你更進一步探問，對方還可能不耐煩：「我不是已經回答了嗎？有那麼難懂嗎？」如果這個人是父母、老師或長官，你很可能因為恐懼而不敢繼續探問。

所以你問也不是，不問也不是。問了，未必得到答案，不問，卻又讓自己處在一片模糊裡。

不做選擇，往往是抗拒為自己負責

在秋慧的例子裡，孩子與先生正忙於自己的娛樂或工作，他們並沒有真正參與晚餐的決策，「隨便、都可以」很可能只是為了不被打擾，或者不想動腦筋而隨口說出的回應。

當一個人這麼回應的時候，內心未必真的是「不清楚、都可以、都行」，他很可能只是用這些回應來「告訴」對方：「我做不了決定，我不想花時間做決定，你來幫我做選擇吧。」

因為這種人的困境就在於「未必沒有想法，而是無法從眾多想法當中做選擇」，於是當你基於善意幫對方做了決定之後，很可能因為你做的決策不如對方的期待，然後遭到對方責怪。

「為什麼責怪我？」因為是你做的選擇啊，不怪你，要怪誰？

「他都不清楚自己的想法，我哪知道怎麼做才是對的？」沒有錯，所以你可能怎麼做都不對，因為連他也不知道自己要的到底是什麼。

面對這種回應，到底該怎麼辦呢？讓我們來破解這種令人為難的情境。

開放式問句vs. 封閉式問句

讓我們來複習一下，把上一章的「開放式問句」與「封閉式問句」用來幫助滿腹委屈的秋慧。

秋慧使用的「晚餐想要吃什麼？」屬於開放式問句，對於下班回到家已經相當疲累、準備時間又有限的情況，並不是一個適當的問句。因為問句是開放的，所以對方很可能什麼都不選、或者不想花力氣做選擇，於是就經常會出現：「不知道、隨便、都可以」這種模稜兩可的回應。

這時候我們要引導秋慧使用封閉式問句當中的「選擇題」問句：提供幾個具體的選

項，邀請孩子與先生從中做出選擇。

三步驟，給予清楚的選項

1. 使用封閉式問句，並且考量自身能力範圍

在體力與時間都有限的情況下，我們就要**設定好某些選項，或限定在某一個範圍，而這些選項與範圍都是你當下能力所及、能接受的、能負擔的。**如果你今晚不想跑太遠，那晚餐就是家裡附近的餐館；如果今年預算有限，那旅遊的地點可能就是國內景點。

2. 設定具體的選項

設定三個具體的選項，例如，今天的晚餐是：1.飯、2.麵、3.粥；今年的旅遊地點是：1.台北、2.台中、3.高雄，或者是，邀請對方「從南部地區選出三個景點」「從台灣北、中、南、東各選出一個景點（如果你計畫帶著家人來一趟國內環島之旅的話）」。

3.邀請對方做選擇

接下來，邀請對方從你給的選項中做選擇：

(1)如果對方選的不是你給的選項，例如：牛排、麵包……**你只需溫和而堅定地告訴他：「今天我只會買這些東西，請你從中選擇，或者你可以選擇自己去買。」**

(2)如果對方選擇「2.麵」，也請不要就直接去買「你以為」的麵，因為這樣還是很可能會出現「吼！你為什麼買這種麵？」的抱怨。

4.引導出更具體的選擇

重複上一步驟，邀請對方進一步選擇：「今天的麵有三個選項：1.陽春麵、2.牛肉麵、3.櫃子裡的泡麵，請選一種。」直到對方給出你認為清楚的選擇。

尊重彼此，讓關係更自在

我相信，大多數的人會為「辛苦付出卻被嫌棄」的秋慧叫屈。

然而，有時候雖然我們是本著好意在「幫」對方做決定，卻也忘了尊重，並核對對方的意願或需求，所以經常「你做到流汗，他嫌到流涎」（台語）。

使用「給予選項」的好處是：

1.你不需要自己想破頭、累得半死，結果對方還不滿意。

2.當你採納對方的意見，就算對方不滿意行動的後果，他也無權對你抱怨。既然是他做的選擇，他就必須為自己的選擇負起責任。

3.習慣這種互動方式之後，對方就會清楚知道你的模式，不會隨意說出模糊的回答。

4.可以培養兒童與青少年更了解自己的需求，並學習具體明確的表達。

保持開放與尊重的態度

確保你給予的選項都是你樂意的、真心允許的。

倘若你提供的選項是：「吃我煮的牛肉麵，或者你自己出去買。」但是你內心真正的期待卻是：「吃我煮的就好，不要花錢出去買。」（你並沒有真心想讓對方做選擇）那麼，若是對方選擇「他要出去買」，你聽了就會不開心。而你的「不開心」也會讓對方感到困惑、無所適從：「我選的是你給我的選項，你幹嘛生氣？」

這麼一來，未來當你開放選項要對方做選擇時，對方可能會拒絕配合（反正你也不是真的要讓我選），不敢選他真正想要的（說真話，可能會被你處罰）。

仔細思考你的意願與能力，一旦設定了選項，就抱持開放的態度，接納對方的選擇，同時，也尊重對方當下的需求與感受，避免要求對方改變選擇，或者強迫對方接受你期待的選項。

練習

1「給予選項」有四個步驟：引導出更具體的選擇、設定具體的選項、使用封閉式問句、邀請對方做選擇。請依照行動的順序填入下列空格：

2設定選項的時候，要注意哪些原則？要保持什麼態度？

3如果對方選擇的不是你提供的選項，你可以

第一步	第二步	第二步	第四步

如何回應？

4使用「給予選項」技巧，可以為彼此帶來哪四種好處？

十一、溫柔、暖心的安慰，該怎麼說？

——謹慎開口，避免二度傷害

我們生活在一個不太會安慰人的文化，從小就很少被好好地安慰的我們，很可能也不太知道如何安慰別人。

我常看到當有人難過、悲傷時，一旁的親友不是急著告訴他：「不要想太多，就沒事了。」「難過也無濟於事。」「這種事情很多人都經歷過，沒什麼。」不然就是顯得手足無措，彷彿也跟著陷入苦惱當中，不知道如何是好。

這種我們習以為常的「安慰」，往往沒有什麼安慰的功能。不但沒有辦法讓被陪伴的人覺得比較好，還可能覺得被指責、批評，結果心情變得更糟糕。

人際之間的衝突，很多時候反而是來自於這種不適當的安慰。

但是，「安慰」明明就是出於好意，想讓對方心情比較好的善意之舉，為何會造成衝突呢？哪些安慰是「不適當的安慰」呢？

我舉以下表格裡的一些例子，你就能理解：

對方的困境	不適當的安慰	對方的想法或感受
大考成績不如預期。	沒關係，這代表你還有很大的進步空間啊！	你的意思是我表現得很差嗎？我努力了這麼久，怎麼還有這麼多空間要進步？
	別在意，其他人也考得不好啊！	別人考得好不好關我什麼事？我很努力準備啊！
遭受性侵害、性騷擾。	沒關係，你還有很美好的人生在等著你呢。	被性侵害的人不是你，你當然說沒關係啊！
	這代表你很有行情。	誰要這種行情？你的意思是我活該嗎？
被信任的親友背叛。	會不會是你想太多了？說不定對方根本沒有惡意。	好啊！改天我如果傷害你，你最好是能夠記得你說過這一句話！
困在低落情緒裡。	不要想這麼多就沒事了啦，要往好處想啊！比如說⋯⋯	說不要想就不會想了嗎？如果是你，你難道不會一直想嗎？
辛苦累積多年的存款被詐領一空。	就當作是繳學費，不經一事、不長一智。	為什麼我辛苦賺的錢要當作學費？

聽到這些「安慰」，你會不會覺得肚子有一把怒火被點燃，想叫對方閉嘴？

如何回應？心理師這麼說——

關於安慰，最忌諱的四種行為

1.否定事情嚴重性

「拜託，事情沒你想的這麼糟糕。」「你知道嗎？比你可憐的還大有人在呢。」

當你否定事情的嚴重性時，其實是在暗指對方：「是你的想法與觀點有問題，才會把事情看得這麼嚴重。」「比你可憐的人到處都是，人家也都活得好好的，就你這麼痛苦，一定是你太脆弱了。」這種行為不是安慰，而是落井下石。

而且，當你輕鬆地說出「沒關係」時，也等於否定了對方當下真實的感受。

2.強迫轉移注意力

「不要往壞處想就沒事了。」「趕快去睡一覺，睡醒就好了。」

會強迫別人轉移注意力的人，通常是害怕或不知道如何與負面情緒相處，所以當他感受到對方散發出來的生氣、悲傷、挫折時，就會覺得渾身不對勁。為了避免這種不舒服的感受，於是透過各種方式試圖轉移對方的注意力。

3. 指責或批評對方

「當初你若不要這麼堅持，現在也不會如此難過。」「如果你態度不要這麼消極，說不定事情早就好轉了。」

這種行為對當事人非但沒有幫助，而且傷害性極大。因為你正在告訴對方：「這是你的報應，你是咎由自取。」即使對方的確得為這件事情負起某些責任，但那並不是安慰別人時該做的事。

4. 自認為全然理解

「你的感受，我都能懂。」「你走過的路，我早就都走過了。」

為什麼表達自己懂對方的感受無法達到安慰的效果？第一個原因是，對方正處在難受的情緒裡，你的感受如何對他其實不重要，難不成當你說自己也很難過時，對方要暫停他的情緒，反過來安慰你？第二個原因是，感受是很主觀的，即使面對相同的事情，每一個人的感受也都不同。更何況，對方正在經歷的事情，你可能並沒有相同的經驗。

所以「你的感覺，我都能懂」，其實是一句不切實際、不負責任的話。

接納對方負面的情緒

許多人認為「安慰」就是經過你的陪伴，對方的負面情緒就應該雨過天晴、迅速煙消雲散。

如果抱持這種態度，一旦你費盡心思安慰對方，他卻還是很難過，這下子，就換你覺得挫折、無力，甚至會對對方發脾氣。

真正的安慰，是能夠接受「對方遇到這種事情，會這麼難受，也是免不了的」，然後傳達出「你知道他因為經歷某件事情，才這麼難受」，並且讓對方知道「雖然你也不知道怎麼做才好，但是在能力範圍內，你很願意陪伴或協助」。

因為你沒有強迫對方趕緊脫離負面情緒，他就能放心地宣洩情緒；因為你表達對他的理解，他就能感受到自己是不孤獨的。也因為你誠實面對自己能力的有限，所以在陪伴對方的過程中，也不會給自己太大的壓力。

我將安慰的過程整理成五個步驟，幫助你更清楚可以如何練習：

暖心安慰的五步驟

1.「我看到有人最近好像＿＿＿＿＿＿，是怎麼了？」

底線的部分是指你觀察到的「具體現象」，例如：沒有講話、食量變少、很晚回家、表情凝重。如果你能夠提出具體的觀察，會讓對方比較願意停下腳步，覺察自己的狀況。也因為他感受到你好像真的知道他遇到了什麼事情，所以也比較有可能降低拒絕你的機率。

2.「關於這件事情，你的想法是什麼？」

不要急著說道理，先讓對方有機會說說看他發生的事情，透過「說話」，可以讓一個人有機會把腦袋裡混亂的事情整理得更清晰。而你展現出專注聆聽的姿態，也有機會讓對方信任你，願意回應你接下來的詢問。

3.「關於這件事情，你的心情是什麼？」

在敘說的過程中，人往往會因為重溫事件而流露出內在的情緒，這時候請不要急著打斷或給建議，不妨關心一下對方的情緒與感受。當你這麼做的時候，對方也會感受到你不避諱碰觸他的情緒，因而讓情緒有機會好好地宣洩。**唯有當內心的負面情緒減少一些，才會有空間容納更多正向的能量。**

4.「接下來，你打算怎麼處理呢？」

釐清思緒，情緒也比較冷靜之後，我們就可以進入討論問題解決的階段。**這階段的原則是「不批評」，即使對方想出來的方法跟你預期的不同，或者你曾經使用過同樣的方法卻不奏效，也請先讓對方好好說完。**說完以後，再好好討論這些方法有沒有需要調整的部分。你想想看：倘若你問對方有什麼想法，結果人家一講你就打槍，下次誰還會想回應你呢。

5.**「我不是萬能的，但是如果可以，你希望我如何幫助你？」**

這一句話非常、非常、非常重要。

「沒關係，需要什麼盡量開口，我一定會幫助你。」這種話聽起來好像很有誠意，但若對方說出：「請你借我一千萬元。」「請你幫我找回不幸過世的親人。」那你該怎麼辦？

另外，也不要理所當然認為自己的思考與行動就是對方需要的。有時候我們自以為是的作為，反而會造成對方的傷害。記得先問問對方需要的是什麼，尊重對方的需求和想法，也幫助對方有機會為自己的問題負責、思考解決的策略。

允許對方「慢慢來」

如果你問了：「我看到有人最近好像＿＿＿＿＿＿，是怎麼了？」對方的回答是：「還好啦」、「沒事」，你可以接著回應：「如果你想講一講，我願意陪伴你。」這樣就夠了。因為，對方很顯然還沒有想吐露他的狀況。

如果對方的回應是：「謝謝你。」「我現在真的還好。」「我知道了。」或者甚至點點頭、微笑但不回應，很可能都在「告訴」你：「我還沒準備好談這件事。」或「我需要安靜的空間。」代表他目前沒有多餘的能量或意願與你討論。

這時候，如果你持續問他：「你說啊。」「你快說啊，沒關係。」「你是不是不太信任我？」反而會讓對方更不舒服。

幫助別人學會安慰你

如果是我們自己想找個人說說話，卻不希望對方一直給我們建議、一直分析事情的是非對錯，那該怎麼辦呢？很簡單，你只需要做這三件事情：

1. 詢問時間：你現在有空嗎？
2. 詢問意願：你可不可以聽我講一件事情？
3. 說明方式：你不用給我任何意見，只要聽我說說話，我就會好多了。

這麼一來，別人就會知道你的需求，然後也能用你想要的方式來陪伴你，而不會一直詢問、一直給建議，到頭來弄得雙方的心情都更糟糕。

人生漫長，不可能每一件事情都能盡如人意。**無法解決的事情有很多，但人的情緒如果被好好照顧了，才能擁有重新站起來、繼續面對問題的能量。**

練習

1想要安慰別人，最忌諱的四種行為是什麼？為什麼這四種安慰會讓人覺得很不舒服？

十一、溫柔、暖心的安慰，該怎麼說？

2「暖心的安慰」有五個問句，請依照行動的順序，填入以下的空格：

3如果你希望別人可以安慰你，卻又不希望對方幫你分析問題、評斷好壞對錯，那麼你可以告訴對方哪三句話呢？

4從這一章的內容當中，你能找到哪些安慰別人時要注意的重要態度？

第一步	第二步	第二步	第四步	第五步

十二、友善、親近的回應，該怎麼說？

——善用「好奇」，讓你的回應貼近人心

講座中，有一位爸爸舉手發問：「我該如何跟我的孩子溝通？每次跟她講沒幾句話，我就整肚子火！」

我請他舉出會「整肚子火」的溝通情境。

父親說，女兒前陣子想學吉他，他不僅一口答應，還買了新的吉他給女兒。沒想到才學沒幾天，她就抱怨壓弦的手指很痛所以不學了；後來說要學直排輪，並且保證會持之以恆，父親又買了直排輪。隔一陣子，女兒覺得跌倒很可怕，所以又想放棄。

「這樣啊？那你怎麼回應呢？」我好奇。

「既然都付了學費，我希望她認真練。這樣半途而廢，將來有哪一件事情做得好？」

「喔？那她怎麼說呢？」我也好奇女兒的反應。

「她就頂嘴啊，然後用力甩門，把自己關在房間。到底是誰比較委屈？」父親的眼裡像是要噴出火焰：「如果是你，你難道不會生氣嗎？」

現場的家長彷彿都有過這種經驗，紛紛出言附和，一時之間整個演講廳群情激憤。很快地，家長們獲得共識：孩子「不知惜福、不懂感恩」。

我能夠理解父母親為孩子付出時難免抱持著某些期待，當這些期待落空時，也會感到失落、生氣。但是這種結論不但過於武斷，對於改善親子關係也毫無幫助。

所以，**我先肯定父母的付出，同理他們的辛苦與失落，接著再澄清他們真正期待孩子們學會的是什麼。**

是習得精湛的演奏與直排輪技術？還是學習體驗不同的才藝、增廣視野？如果他們的期待是精熟某一種技藝，那可能要另尋大師，徹底改變生活模式，用職業選手的規格嚴加訓練（我刻意誇張化，讓家長覺察這並不是他們的本意）。

但是，如果家長想要的是能夠透過生活中大小事，與孩子建立更好的溝通、更親密的互動關係，那我們需要的就是一套不同於以往的溝通方式。

發生了什麼事？心理師這麼說——

是「溝通」，還是「說服」？

很多人與這位父親一樣，都覺得自己是在「溝通」，而對方卻不願意用友善、配合的態度來回應。

但這真的是溝通嗎？

所謂的溝通是指雙方都願意表達自己的想法，也願意傾聽對方的想法，並且更重要的是：**敞開心胸，接納與我們不同的想法。**接著，我們還願意在差異中理解彼此，努力討論出彼此都比較能接受的共識。

可是，許多人認為的溝通只是把自己的話說出來，要求對方照單全收，也只允許對方說出自己想聽的答案，這種互動並不是雙向的溝通，而是單向的說服。

語言裡惹人厭的三元素

致力於將對話應用於親子互動的李宗建老師強調，**我們在對話時習慣使用「說理、命令、指責」**[3]**，但這三種元素卻是不利於溝通的。**

我以這位父親的語言來說明：

◆說理：我希望你持之以恆。學習最需要的就是恆心，你知道過往那些偉人嗎？他們個個都是……（以下省略八百萬個字）。

◆命令：我要你認真練，不要半途而廢。

◆指責：沒有天分，態度又不好，以後一定沒什麼成就。

就這樣，父親在短短幾句話裡把這三個元素發揮得淋漓盡致。如果你是女兒，會想要好聲好氣地回應嗎？

經過詢問，得知這位父親在一家小型房屋仲介公司上班，在獲得他的同意之下，我用他的職業當場來一段「錯誤示範」：

◆說理：我們都知道台灣最大的是永X房屋和信X房屋，它們的體制可能比較完整，你怎麼偏偏選這種小公司？做事情要想遠一點，你知道嗎？你也一把年紀了，選工作最重視的就是……

◆命令：孩子情緒不佳或許是因為你經濟不穩定，為了孩子好，你最好趕快換工作。

◆指責：你為何選擇體系不完整的小公司？眼光真是短淺！難道要妻小跟著你吃苦？這不是一個有擔當的男人該做的事。

我對房仲業並不了解，只是試著拿父親的職業做練習而已。但是看到現場幾位家長緊皺的眉頭，我知道，他們多少已經能夠體會這種說話方式帶給對方的負面感受。針對同樣的情境，我們來試試看友善又親近的回應可以怎麼說。

「好奇」是促進理解的關鍵

很多時候，我們都誤以為自己足夠了解對方，所以就開始說理、指責、命令，但是誰喜歡聽這些話？就算對方不敢反駁你，心裡肯定也不太愉快。

在「錯誤示範」裡，我是以主觀的角度說話，認為父親應該如何選工作，而沒有了解他對於工作的想法。

現在我換個方式，用充滿好奇的態度來訪問父親：

◆爸爸，我猜想另外兩家公司的體系可能比較完整，當時你不選擇它們的原因是什麼？

◆選擇這一家規模較小的公司，你希望在裡面學習到的是什麼？

◆如果這家公司環境比較嚴苛，你還願意接受挑戰，你重視的價值是什麼？你忍受了哪些辛苦？

◆在你的規劃裡，你希望在這家公司待多久？幾年後，你想帶著哪些經驗離開？

◆別人對你的選擇經常有些質疑，不知道你的想法和感受是什麼？

在這些問題裡，我沒有任何評價、指責，也沒有命令。我只是好奇「這位父親選擇這間公司」背後的種種「故事」。

這些「故事」蘊含了個人重視的價值觀，包括：想從工作當中獲得什麼？他希望成為什麼樣的人？他如何規劃自己的職業生涯？他做了和別人不同選擇的原因是什麼？他是否經常面對別人的質疑？他如何回應別人的質疑？

當我們用好奇的態度與人互動，會讓對方覺得自己被你重視，也會感受到你想要理解他、靠近他。

更重要的是，當這些「故事」被聽懂，人就能對自己有深入的理解。而**理解，則有助於我們做出更清楚的決策。**

再回到女兒的例子，我們可以怎麼與女兒互動呢？

◆當時你怎麼會選擇要練吉他和直排輪？這些東西吸引你的是什麼？

◆在學這些東西的時候，你覺得快樂和不快樂的是什麼？

◆遇到困難或不快樂的時候，你是怎麼忍耐或度過的？最後是什麼讓你決定要放棄的？

◆學這些東西的時候，你覺得自己的收穫是什麼？

◆未來如果還要學習新的東西，你會如何做選擇？

相較於說理、命令、指責，如果你是這位小女孩，聽到這些問句，會不會覺得稍微有點意思，也比較有對話的意願呢？

充滿好奇的提問，才有豐富的回應

「問這些問題，孩子會回答嗎？」父親質疑。

首先我們必須挑選簡單的用詞，幫助孩子理解我們的提問。再者，即使十個好問句裡，孩子在思考後只能回答兩題，但「思考好問題」本身就是充滿創造、內省以及自我認識的過程。

相對地，你抛出十個指責、批評的句子給孩子，在思考這些負面問句的過程中，他也已經對自己和對你產生許多負面想法與情緒，就算有回應，不是敷衍，就是頂嘴，結果並沒有比較好。

帶有質疑的提問，只能得到防衛或辯解的回應；充滿負面情緒的提問，只能得到充滿負面情緒的回應；唯有充滿好奇的提問，才能得到豐富的故事。即使孩子無法回應你的好奇，但也會因著你的好奇而更願意跟你互動。

透過充滿好奇的提問，孩子的才藝或許不會變得更精湛。但**他會開始探索自己的喜好、探索行為帶來的收穫與後悔、探索曾經投入的努力、學習判斷未來如何好好做選擇。**

換言之，他學習到的是對自己的認識、培養做選擇的能力。更重要的是，這是一段積極又友善的溝通過程，你們的關係也因而更靠近。

身為聰明的大人，你想帶給孩子哪一種體驗呢？

「好奇」不等於「八卦」

在這裡要特別說明，好奇不是亂問一通，也不是恣意地探人隱私。好奇與八卦雖然看起來都是「想要多知道對方一些事情」，但兩者有很大的不同。

八卦經常讓人覺得被窺探、不被尊重，覺得自己的界限被侵犯。聊八卦的人或許很開心，但成為八卦的主角卻是痛苦的。

好奇指的是想要理解一個人的意圖、堅持、努力、期待等等。透過好奇，可以讓原本很單薄的交談內容變得更豐富，幫助回答的人說出更多自己的想法。**身為被好奇的主角，常常會覺得自己是有價值的、獨特的、被人重視的。**

在這裡，我再舉一些例子，幫助讀者理解好奇與八卦的不同：

◆八卦：你是不是跟同學吵架？不然為什麼不去補習？

◆好奇：我知道你一直很努力，是什麼原因讓你不想繼續補習？

◆八卦：你們是不是有第三者介入？還是什麼不可告人的事？不然為什麼要離婚？

◆好奇：你們的婚姻或許遇到一些困難，是什麼讓你們願意努力這麼久？是什麼讓你們做了分開的決定？

◆八卦：你都把錢省下來讓孩子吃好、穿好，你太寵孩子了吧？還是你中樂透？

◆好奇：是什麼讓你選擇把資源都留給孩子？你期待孩子可以從你的照顧中獲得什麼呢？

想要改變過往的回應方式，除了需要時間練習之外，更重要的是調整自己的心態：「對於這個人、這件事，我的了解是什麼？是不是還有什麼我不夠理解的部分？」「除了我認為的好、壞與對、錯之外，還有什麼值得我多了解一些？」

帶著開放與好奇的態度，才能真正改變你回話的方式。想要真正理解一個人，這是最重要的態度。

練習

1 大部分的人以為自己是在溝通，其實是在做什麼？

2 我們的回應通常夾帶著哪三種討人厭的元素，以至於別人不太想跟我們互動？

3請你從本章找出「好奇」與「八卦」的差異。然後也請你思考：對你而言，這兩者還有什麼不同呢？

註3：可參考《薩提爾的對話練習》（親子天下）。

十三、充滿能量的鼓勵，該怎麼說？

——Hey！你是怎麼辦到的？

導演吳念真的短片《Be A Giver》[4]裡，有一段話讓我印象非常深刻：「同樣一句話，或許讓人聽了之後，感覺悲傷、想去撞牆；但是換另一種說法，卻可能有截然不同的結果。」

語言雖然沒有實際形體，但它的力量卻不容小覷。面對相同情境，一句話可能讓人痛不欲生，但換個方式表達，卻也可能讓已經走投無路的人，再度燃起面對困境的希望與勇氣。

◆面對承接家業、身心俱疲的兒子，父親一改過往的嚴厲，輕輕地說：「沒事的，

慢慢來。我以前也是這樣走過來的。」——電視劇《靈異街十一號》

◆白人富翁菲利普在癱瘓之後，急欲尋找一名看護，他在眾多面試者中挑選了一名剛出獄的黑人「小混混」，理由是：「他總是忘記我癱瘓的事實，我要的就是這樣的人，沒有憐憫、沒有特殊對待、沒有歧視。」——電影《逆轉人生》

◆面對身陷低潮的主管Jules，擔任祕書的Ben認真而簡潔地說：「你用一年半的時間，一手打造現在這麼大規模的公司。永遠別忘了，是誰成就這一切。」——電影《高年級實習生》

讓人能夠在困境裡重新燃起希望的語言，非「鼓勵」莫屬。

但是，我發現大部分的人都不懂得如何有效地運用鼓勵。這很可能是因為我們根本不懂什麼叫鼓勵，也可能是因為我們從小就沒有接收過真正的鼓勵。

某次在親職教育講座中，一個學齡前的孩子在教室裡不慎跌倒，他拍拍膝蓋、本能地站起身來，許多家長紛紛對他說：「你好厲害喔。」「你好棒喔。」

大人或許以為這叫做鼓勵，但我卻不以為然。

「跌倒了，爬起來」對大部分的人都是能力所及，也是再正常不過的事情，大人卻說這種行為很棒、很厲害，這到底是一種鼓勵，還是一種反諷？

在我的工作中，經常有人因為講到傷心處不禁難過、落淚，這時候在場的其他人常常會為他鼓掌。這種現象也經常出現在電視節目中，舞台上有人因為講到了某些事情，因為哽咽而中斷說話時，台下的觀眾就會響起一片掌聲。

為什麼我們要對哭泣的人鼓掌呢？

一個人因為浸潤在悲傷的情緒裡，感而發地表露出最真實的情緒，這時候的掌聲代表了什麼？感謝對方表演了一齣精采的戲？鼓勵他多哭一點？還是催促他不要害怕、快點講？快點講，要講給誰聽？講出來，又滿足了誰的期待？

我們以為這種回應是鼓勵，其實根本是天大的誤會。用錯方式鼓勵別人，反而會讓對方覺得很困窘，不知道該如何接收你的「好意」。

如何回應？心理師這麼說——

鼓勵不等於讚美

「鼓勵」與「讚美」時常被混淆，這兩者，表面上看起來都是「說好話」，實際上卻有著截然不同的作用。

讚美重視的是「結果」，像是：跑得比較快、皮膚比較白皙、穿著比較時尚、食量比較大、數學運算比較快，這些結果都是經由比較而來的。在比較中勝出的一方就能獲得別人的讚美。但是，在比較中落敗的一方怎麼辦？他的努力、堅持、勇敢挑戰、想要超越自我等態度，難道不值得被肯定嗎？

再者，一個習慣依賴別人讚美的人，也代表著他的價值感都是來自於別人，所以他終其一生的努力可能只是為了獲得他人的讚美，從而建立自我價值感。而在比較中經常落敗的人，則告訴自己：「反正再怎麼努力都得不到別人的讚美，乾脆放棄吧，把力氣省下來。」

鼓勵最忌諱夾帶個人意圖

我發現鼓勵最常被錯誤使用的原因，在於人們在鼓勵他人時，經常夾帶著個人的意圖，例如下頁的表格：

一旦對方感受到你的鼓勵其實是在暗示他「朝你期待的方向前進」，很可能會因為防衛、反感，然後將你自以為的好意拒於門外。

鼓勵重視的是「過程」

鼓勵補足了「讚美」無法觸及的部分。鼓勵不是關注表現的「結果」，而是行動的「過程」，包括：

◆**努力**：在完成任務的過程中，所運用的方式、絞盡腦汁想出的策略、投入的時間和精力。

父母努力工作，帶給孩子能力所及的照顧，甚至願意到處學習教養策略。或許他們給孩子的不是最優渥的生活，但過程中的努力與付出卻值得被鼓勵。

◆**堅持**：遭遇困境時不放棄，堅持完成任務的態度。

情境	錯誤的鼓勵	夾帶的個人意圖
孩子跌倒時——	你好棒喔、好勇敢，趕快站起來。	否定孩子當下的疼痛與恐懼，希望他盡量表現出勇敢的樣子。
對方難過、哭泣時——	鼓掌。	要對方勇敢一點、不要沉浸在負面情緒裡；透過鼓掌來化解自己不善面對哭泣的尷尬。
孩子考試成績不如預期——	別氣餒！你的哥哥可以考很好，你一定也可以！	把對方拿來跟別人做比較，希望他向哥哥看齊，也意味著他的表現的確不如哥哥。
對方比賽失利時——	不錯了啦，沒有前三名，至少還有第五名！有得名就是肯定。	告訴對方，不要對自己期待太高，有名次就該滿足。

一個人的長跑名次或許無法名列前茅，但他卻依舊砥礪自己完成比賽，不半途而廢。

◆**意圖**：是什麼讓他想要完成這個任務？他希望透過這件事情達到什麼期待？

一大清早就在社區打掃的老伯伯，數十年來從未間斷。即使他人經常笑他做白工，但他卻希望貢獻自己的一點力量，讓社區可以更乾淨。

◆**勇氣**：如果這件事情有難度，是什麼讓他還願意接受這樣的挑戰？那樣的勇氣從何而來？

一個學生向全校最兇的老師，澄清考卷上語意不清的試題，大家都為他捏了把冷汗，而他也被老師罵了一頓。但他勇於澄清未知，也敢於面對恐懼的勇氣，是值得被鼓勵的。

鼓勵帶來動力

如果，前面提過的「溫柔、暖心的安慰」像是一雙環繞住對方肩膀的手，那麼，「鼓勵」就是一雙從背部支撐、推動對方，讓他能繼續前進的手。

行為的「結果」有好有壞，有時候即使全力以赴，也未必能盡如人意。

人不可能一輩子都順心如意，難免會面臨挫折與失意，如果總是用分數、績效、薪資來評論自己，就會因為挫折，或者與他人比較而感到痛苦。因為他會一竿子打翻先前所有的努力，不但無法肯定自己的付出，也無法從過程中汲取出珍貴的經驗。

如果我們不希望關注的焦點都在表現的「結果」上，就得試著在那些不管是好是壞的結果之外，找到一些重要的資源。

這些重要的資源包括前面提到的：**付出、堅持、意圖、勇氣。鼓勵可以讓人們察覺這四個元素的存在，從而感受到自己的價值感。**

對於邊緣人而言，能夠建立一段滿意的人際關係當然很好，但更重要的則是能夠透過這四個元素，幫助自己更茁壯、更有自信，不再需要透過他人的給予，才能覺得自己是有價值的。

「你是怎麼辦到的？」

還記得我們在「友善親近的回應」章節裡提到「好奇」的態度嗎？在這裡，我們又要派它上場了。

「你是怎麼辦到的？」是一句在鼓勵他人時很好用的話，它意味著除了表現的結果以外，我們也好奇一個人的付出、堅持、意圖、勇氣，也表達出我們想要更進一步理解他，與他建立關係的期待。

回到那個親職講座的現場，我蹲下來對跌倒後爬起來的小男孩說：「你好勇敢，自己爬了起來，你怎麼辦到的？」「會不會痛痛？會痛痛的話，可以跟媽媽說，知道嗎？」

小男孩點點頭，圓滾滾的大眼睛骨碌骨碌打轉，一隻手撫摸著剛剛著地的膝蓋，慢慢走回母親身旁。

你不需要告訴他很厲害、很棒，除非他在生理上有些限制，否則跌倒後爬起來只是一個人的本能。但是你可以幫助他看見自己的勇敢、爬起來的意願，並且讓他知道：「痛可以說出來，沒有關係、不會被罵。」所以未來他不會害怕失敗，不需要掩飾自己的脆弱，也相信自己有能力克服挑戰。

讓一個人感受到自己的能力、欣賞自己，也能長出面對挑戰的勇氣，就是鼓勵的終極目的。

有些講師看到聽眾睡著時可能會很生氣，因為覺得不被尊重。有時候，我的演講是在下班後的晚間時段，偶爾遇到那些睡醒後、滿臉愧疚的家長或教師，我通常會好奇地問：「下班後這麼累，你還願意來參加這個講座，你怎麼辦到的？」

我也經常對那些在敘說生命故事時掉淚的朋友：「講這些事情這麼難過，你卻願意（勇敢）去面對，你是怎麼辦到的？」

此外，我再舉一些例子，讓你熟悉這一句話的使用時機：

◆你知道老師很兇，卻還願意向他坦承過錯，你怎麼辦到的？

◆幾次考試都失利，你卻堅持不放棄，你是怎麼辦到的？

◆身邊的人都勸你放棄，你卻數十年如一日照顧這些流浪的毛小孩，你是怎麼辦到的？

◆你明知道他是騙你的，你卻依舊善待他，你是怎麼辦到的？

需要注意的是

當然，一句再怎麼好用的話，也需要視情況節制使用。

當對方出現負面行為，例如打人、自傷、偷竊、蹺課等等，你就不能問他「你是怎麼辦到的？」因為那很可能會強化他的負面行為。這並不是說鼓勵在這類型的事件裡無法派上用場，但我們鼓勵的標的是他背後沒有說出來的意圖（打人可能是想保護自己，或者引起別人的注意），而不是他的負面行為。

還有，當你鼓勵對方的時候，也盡量避免幾句話裡就重複夾雜「你是怎麼辦到的？」。畢竟同樣的語言重複太多次，會讓人覺得很煩、很刻意。

練習

1為什麼「傳統的鼓勵」不但沒有太大的幫助，有時候，還會對人有負面的影響？

2有效的鼓勵不是關注在行為的結果，而是針對行動過程中的四個面向：努力、堅持、意圖、勇氣。下列情境，你能判斷他們值得被鼓勵的是什麼面向嗎？

◆孩子將家政課烤的蛋糕小心翼翼地帶回家，並且在全家人晚餐後端上桌，沒想到打開蓋子後，發現蛋糕已經塌掉一半，味道也怪怪的。

◆馬拉松選手知道得獎名次早已無望，卻依舊撐著劇痛的腳，走完全程。

◆一個數十年來被許多人批評為個性固執、教學原則難以撼動的教師。

◆一對交往已久的同志伴侶，明知道親人反對，卻依舊相知相惜、深愛著彼此。

3在成績、薪資、成就、外表等外界所看重的標準之外，你認為自己身上還有哪些部分很值得被鼓勵？

十三、充滿能量的鼓勵，該怎麼說？

註4：請參考https://reurl.cc/VdVrR。

十四、面對別人的稱讚，如何回應？

——恰如其分的謙虛，有助提升人際關係

某一次演講結束後，我散步到校園裡的鬆餅屋買飲料，一位同學朝我走過來，遠遠就露出有些不好意思的笑容。

「老師，我是剛剛聽演講的研究生，很抱歉打擾您。我很想問一個問題，可是剛人很多，我不太敢問……」

「可以啊，但我只有十分鐘。如果你願意的話，可以說說看。」我說。

「想問，但不敢問，卻又不想放棄」，雖然害怕，卻還是鼓起勇氣來找講師。我感受到這個學生內心的掙扎，以及最終求知欲戰勝了恐懼的勇氣。

冒著趕車的風險，我很想要好好接住這一份勇氣。

「我很怕被別人稱讚。」他有些怯怯地說：「可能我的功課，嗯，應該還可以……可是我好害怕別人說我功課好，我覺得並沒有特別好，然後我不知道怎麼回應……」

結果一問之下才發現，這位老兄的功課根本不是「還可以」而已，他的成績遠遠超前班上同學一大截，而且從小就透過自學，精通英、法、日語，目前還兼職翻譯工作……

我瞪大眼睛，好奇**他是怎麼辦到的？**（你看，這句話又派上用場了。）

他露出尷尬的表情說：「這真的沒什麼，別人也可以，只是他們可能不太想做這些事情……」

我在心裡猜測，當同學讚美他的時候，他的反應大概就是如此。

我問他，是什麼讓他這麼害怕別人的稱讚。

他說，從小他就經常因為課業成績、語文能力受到大家的注目，可是一來他不覺得自己跟別人不同，二來是他經常聽到一些耳語，說他很囂張、自以為是。

因為難過，所以他提醒自己要更謙虛，於是他想出一些回應的方式：

「不會啦，你的數學也很厲害呀。」

「某某人的英文才是真的強。」

「是這次題目比較簡單。」

「可能是我的運氣比較好。」

原來，他的方法是試圖轉移大家的目光，盡量避免自己「散發光芒」。

「這樣做，效果如何？」我好奇。

「唉，結果我又聽到別人說我矯情、虛偽。」他說。後來他愈來愈害怕與人接觸，乾脆把自己關在宿舍做翻譯，盡量減少與同學接觸。

「剛剛的講座，你覺得我講得如何？」我問。

「我很慶幸有參加，您講得很精采，也很實用。」他說。

「謝謝你，你有注意到其他人對講座的反應嗎？」

「有啊！我很少聽到有同學鼓掌這麼熱烈的。」

「那你還記得當大家鼓掌時，我說了什麼嗎？」

「老師您說……『謝謝大家』，對嗎？」

「對啊，對於同學的稱讚，我說了『謝謝』，並且欣然接受。你會不會覺得我很自以為是？」

「不會呀！您真的講得很精采。」

「那如果我對自己今天的表現並不滿意，你覺得我剛剛應該說『謝謝』比較適當？還是說：『大家太客氣了，是你們比較容易被滿足。』『其實還有其他講師講得比我好。』『今天是我運氣好，沒有忘記內容。』」

他愣了一下。

我繼續問他：「不管我覺得自己表現得好或不好，面對全場同學的稱讚，哪一種反應，大家比較不會尷尬？」

對話至此，十分鐘也到了。我沒有告訴他該怎麼做，但聰明如他，相信可以理解我的意思。

如何回應？心理師這麼說──

被扭曲的「謙虛」

我們生活在一個極度推崇謙虛，同時又汙名化謙虛的文化。

◆絕對不能認為自己表現得很好，那會讓你停止進步。

◆即使大家都說你表現得很好，也未必是真心話。

◆就算大家都稱讚你，你也不能欣然接受，那會顯得你自大、傲慢。

這些教條告訴我們：「接受『自己是好的』，往往會帶來負面影響。」所以漸漸地，我們變得不敢接受自己的好，甚至看不見自己的好。

為了避免因為自己的「好」而受「懲罰」，我們不得不學會「說服」他人：

◆其實我沒有很優秀，是你們看錯了。
◆還有許多比我優秀的人，只是你們沒有發現罷了。
◆我只是運氣好，下一次就沒有這種好表現了。
◆其實你某些部分比我好很多，你才比較優秀。
◆都是因為你們比較客氣，才看得起我。

這種互動像是你想把一個東西分享給對方，對方立刻微笑推還給你。你充滿誠意地再次遞給對方，對方又推回來……弄得好像互扔炸彈，誰都不敢接手。

明明就是一個正向的稱讚，怎麼會弄得如此人心惶惶呢？

「過度的謙虛」讓人感到被拒絕

無論別人的讚美是發自內心、基於禮貌或純粹客套，都是想要和你互動的行為。

相信大多數的人都有玩過撲克牌的經驗吧？

大部分的撲克牌遊戲，總要有人發牌、有人接過牌卡，才能進行一場遊戲。那些給予讚美的人就像是發牌的一方，「過度的謙虛」則是把牌卡頻頻退還給發牌者，甚至直接放下牌卡，起身離開牌桌。你想，這種舉動帶給發牌者什麼感受呢？

「過度的謙虛」帶給對方的是一種被拒絕的經驗。

對方可能會誤會自己說錯話，誤以為你不喜歡他，或者誤以為你其實滿難相處，為了避免重演尷尬，未來也可能減少與你互動。

這應該不是你期待的吧？

「那萬一對方的讚美是說反話，故意要酸我的呢？」我也遇過有這種擔心的人。

在這種情況下，無論你怎麼回應，我猜他都不會喜歡你。

如果你假裝沒聽到，可能被解讀為沒禮貌；太過客氣回應，又得耗費力氣跟他多說許多字。與其如此，倒不如大方地說聲「謝謝」，表面上不失禮貌，也不讓自己覺得矮對方一截。至於對方會不會覺得你很自大，那是他的事情，對這種人，不需要太過認真。

如果他存心要在眾人面前讓你難堪，你卻若無其事地大方接受，並且不做任何負面的回應，他會像是陷入沒有施力點的流沙裡，到頭來面子做給了你，他卻落得一臉難堪。

「接受讚美」與「自大」的差別

「接受讚美」並不等於你是「自大」的。

「接受讚美」是指針對他人的善意予以友善的回應。就像你從對方的手中接過東西，然後禮貌地向對方道謝。

「自大」是缺乏同理心的。別人對他的成就可能毫無興趣，但他卻到處說給別人聽，秀給別人看。除了表達內心的喜悅之外，他也慣性地向別人展現他的能力與成就。為自己的表現鼓勵或喝采並沒有錯，但「自大」讓人討厭的原因在於，他會傳遞出自己高人一等、比別人優越的訊息，並且忽略了別人的不舒服。

我將「大方接受讚美」、「過度的謙虛」、「自大」三者列成下一個表格，方便讀者更清楚這三者的差別：

十四、面對別人的稱讚，如何回應？

別人對你的讚美	1. 大方接受讚美	2. 過度的謙虛	3. 自大
你做的飯菜真好吃。	謝謝！很高興有機會跟你分享。	沒有啦，我都是亂煮的，是你比較不挑。	我煮的菜連知名餐廳都比不上，想吃我做的料理，還要看我的心情呢！
你們家布置得好美唷。	謝謝你的欣賞，歡迎常常來泡茶、聊天。	現在大家都這樣布置，我也都是學別人的，其實沒有比較特別。	還好啦，這些都是國外帶回來的。家裡的擺飾，怎麼能買國內的便宜貨呢？
你們家小朋友懂好多英文單字呢。	謝謝鼓勵，他喜歡的事情就會很努力去練習。	唉，花了很多錢去補習，只會這幾個單字！真是資質駑鈍。	都什麼年代了，還有孩子沒學英文？未來應該很慘吧？我們早早就讓孩子上雙語幼兒園。
你把車子保養得真好。	您的觀察真犀利！我的確很用心在照顧呢。	老車一部，不值錢，也沒錢換新車，只好勤保養。	幹嘛自己保養？我都是送原廠，選最貴的方案整理。坊間那種洗車、打蠟的千萬別去碰，只會弄壞車子而已。
你好厲害，年紀輕輕就當上教授呢。	謝謝鼓勵。我這幾年真的費了不少苦心，也感謝有多位貴人相助。	沒有啦，剛好學校缺人，碰巧運氣好，不過這也不是什麼有名的學校……	我什麼都不會，就只會念書，不當教授，還能做什麼？你沒教過書吧？現在的學生真的不好教呢……

從這個表格裡，你或許還會發現：**過度的謙虛很可能會被認為是自大。**

原因是，當別人發自內心羨慕你的表現、成就、擁有的東西，你卻總是說這些東西其實不怎麼樣、沒價值，聽在那些羨慕你的人的耳裡，多少覺得不是滋味，誤以為你很囂張。

大方說「謝謝」，就是最好的回應

無論來自誰的讚美，只要面帶微笑、大方地向對方說聲「謝謝」就可以了，重點是**讓對方覺得他的善意有被你接收。**這原本應該是愉快的互動，無須搞到彼此都覺得很尷尬。

有時候，你甚至可以這樣回應：

◆謝謝你，這是我今天聽到最開心的事情了！
◆謝謝。因為你，我才知道原來我某些方面表現得還不錯。
◆如果不是你，我這陣子可能會一直滿沮喪。
◆謝謝你，你說的話真的很能鼓勵人！
◆哇！我以後也要學習你這樣欣賞別人。

你看，這種回應不但接受了別人的善意，沒有顯得驕傲、自滿，而且還讓對方覺得自己說了一句很了不起的話。你不僅接受對方的好意，甚至還反過來讚美對方。

接受讚美，為何如此困難？

要說出「謝謝」這兩個字，真正的困難或許是因為你不習慣別人對你的讚美，其次是你根本不欣賞自己，不認為自己是好的。

如此一來，你當然不會喜歡別人對你的稱讚。因為你對別人口中讚美的那個「你」，覺得既陌生、又疏離。這時候別人的讚美就像擾動一池湖水，水面上那熟悉的樣貌被攪混了，你看見的不是習慣的那個自己，因而覺得慌張、困惑。

所以，別再以為邊緣人都是表現不好、畏懼退縮的人。

有些人其實非常優秀，只因為不知道該如何回應他人的讚美而覺得困窘，甚至誤以為自己的優秀是破壞人際關係的兇手，無計可施之下，只好把自己放逐到人群之外。

想要自在地面對他人的讚美，需要調整的不是對方的行為（或許有些人的讚美真的很拙劣、讓人不舒服，但那不在我們的討論範圍裡），而是我們**如何與自己的「好」和平共處**。這部分，建議你再次參考第三章〈「喜歡自己」是擺脫邊緣人的第一步〉。

從此刻開始練習欣賞自己，練習大方地接受別人的讚美吧。

練習

1想想看，為何「過度的謙虛」對人際關係沒有幫助？

2面對別人的讚美，如果你有些遲疑或擔心的話，那是因為想到什麼？

3讀完這一章，未來當別人稱讚你的時候，你會如何回應呢？

十五、真心誠意的道歉，該怎麼說？

——三步驟，說出有療效的道歉

日常生活中，那些被我們掛在嘴邊，覺得理所當然的教條，有時候連大人自己也很難做得到。

「道歉」就是很典型的例子。

仔細想想，最近一次你因為過錯、疏失，真心誠意向對方道歉，沒有辯解、沒有討價還價、不計較對方的回應，那是什麼時候的事情？

參加我演講的聽眾，八成以上都是成人，其中絕大多數是家長，其次則是各級學校的教師，我也因而經常聽到大人與孩子之間的各種衝突。

有時候因為種種原因，教師去翻學生的書包、父母去搜孩子的房間、用犀利的言語，質問孩子某些問題。孩子也不是省油的燈，過程中，可能回以難聽的言詞。這難聽的話一說出口，場面就更火爆了。孩子被處罰、被記過、被要求寫悔過書，甚至被迫帶去接受心理師的諮商。

尷尬的是，有時候經過澄清，才發現原來是大人誤會孩子了。

「萬一誤會孩子了，怎麼辦？」老師或父母問。

「那就道歉啊，有什麼難的嗎？」我說。

偏偏**很多大人無法向孩子「道歉」**，理由包括：

◆我是父母（教師）耶！我若道歉，以後怎麼管得動孩子？
◆就算是我誤會他好了，他回話的口氣，也很不可取！
◆孩子怎麼可以跟父母計較？不懂得感恩嗎？
◆我已經跟他解釋過了，他卻還是擺一張臭臉，真不懂事。
◆被誤會一下就氣成這樣子？也太脆弱了吧！

他們希望我改變孩子的脾氣，不要這麼容易生氣；希望孩子更懂事，體諒父母的無心之過；希望孩子理解父母的好意，不要在意那些難聽的話；期待孩子規範自己的行為舉止，避免讓大人誤解他們……

那誰來關照孩子「被誤解」的心情呢？

「對不起，我辦不到。」**我的答案始終如一：「不管你是誰、是不是無心的，做錯事、理虧了，就道歉吧。」**

我們從小就這樣被教導，也這樣教養我們的孩子。可是我們卻無法真心誠意向對方道歉。

我發現，現在的人愈來愈難面對自己的過錯，我們會用許多理由來「打臉」對方，證實自己沒有錯。即使所有的線索都指向自己有過失，在接受懲罰時，也要把自己包裝成是委屈、受害的形象。

有時候，我們因為不敢面對自己的過失，不敢向對方道歉，使得衝突與誤解存在關係當中。我們寧可遠離對方、抹黑對方，甚至不惜失去這段關係，卻還是沒有勇氣面對自己的過失。有時候即使想要向對方道歉，卻也因為拉不下臉而說得不清不楚、不甘不願。結果道歉之後，彼此的火氣反而更大。

鼓起勇氣，面對自己的錯誤

想要說出真心誠意的道歉，最困難的不是技巧，而是誠實面對自己犯錯的勇氣。

這些大人在演講中與我討價還價，想盡各種方式「要孩子改變」，就是沒辦法面對自己誤解、傷害了孩子。與其說沒辦法接受孩子的反應，倒不如說，他們沒辦法接受自己竟然會成為「誤會孩子的大人」。

說穿了，就是拉不下臉。

因為拉不下臉，大人有時候會用說理、教訓的方式來對待孩子。結果可想而知，親子關係肯定更加惡劣。

一個人如果無法面對自己的錯誤，不僅是親子關係，也會在伴侶、職場、人際互動中複製同樣的模式，差別只在於某些人權力比你高，會威脅你的安全或生存，所以你在表達上比較收斂一些，但心裡依舊不是真心感到抱歉。

人非聖賢，孰能無過。人際互動難免有大大小小的摩擦，如果每一個過錯都要耗費大量的力氣去辯解、否認，豈不是很累嗎？

技巧其次，態度至上

當你做錯事情，傷害了別人，「道歉」就是必要的舉動。「為自己的過失道歉」無關身分與角色。如果你認為自己是主管、是父母、是教師、是家庭的經濟支柱，所以可以免去道歉的行為，那麼，你其實並沒有真正尊重被你傷害的人，而且你也缺乏為自己的行為負起責任的擔當。

在這種情況下，一旦你鼓起勇氣（卻不是真心）地向對方道歉，但對方的反應卻和你的預期不同時，你很可能會因挫折而惱羞成怒，結果再次指責、批評對方。

如果你夠尊重對方的感受，即使道歉之後，對方依舊不開心，無法給你正向的回應，雖然你多少會因此不舒服，但也不會因而對對方生氣。因為你知道他的負面情緒需要時間慢慢平緩。

如果「拉不下臉」的道歉經常會讓對方覺得不舒服、被敷衍，那麼「有效的道歉」到底該怎麼說呢？

三步驟，說出有效的道歉

「有效的道歉」必須包含三個步驟，依序為：

1. 表達道歉：這是道歉的最基本行動，例如向對方說對不起、抱歉、不好意思……大多數的人都只做到了這個步驟（但是有些人連這步驟都做不到）就停止了，但光是說道歉還不夠。

2. 坦承疏失：說了道歉之後，還要能夠清楚知道自己到底為何而道歉，疏失的部分是什麼，讓別人不舒服的原因是什麼，如果能說出這部分，比較能讓對方感受到你是真的有所反省，願意檢視自己的行為與態度，而不只是片面敷衍地說出「對不起」三個字。

3. 提出補救：為自己所造成的傷害提出彌補的措施。這個步驟是向對方表達「你願意為自己的行為負責任」的誠意。如果只是道歉完就走人，形同你把自己造成的困擾丟給對方去處理。當然，**如果你不清楚該怎麼做比較好，或者對方的需求是什麼，在此步驟，你也可以釋出誠意，詢問對方希望你如何行動，讓你為自己的過失負起責任。**

我舉出一些例子，如下頁表格，讓你更清楚「有效的道歉」具體的操作方式：

我再強調一次：「有效的道歉」，是指你用尊重的態度，清楚地傳達你的道歉、反省，以及提出補救措施，但這不表示對方必須立刻氣消，像是船過水無痕那樣和顏悅色地表達原諒，與你互動。你做錯了事情，別人因而對你有情緒，這也是你得承擔的責任。

道歉是你應盡的責任，原諒與否則是由對方來決定。

事件	1.表達道歉	2.坦承疏失	3.提出補救
弄翻了對方的飲料。	不好意思。	我不小心打翻了你的飲料。	請你等我一下，我去買一杯還給你。可以嗎？
不小心刮花了對方車子的烤漆。	非常抱歉。	我不小心刮傷了你的車子烤漆。	可否請您估價後告訴我？我會與保險公司討論賠償的事宜。
網路上的錯誤攻擊。	對你非常不好意思。	這事情是我的誤會。	你容許我在我的或你的臉書上寫道歉啟事嗎？你希望我怎麼寫呢？
因為孩子之間的衝突，家長也起了衝突。	我對你們感到抱歉。	因為擔心和生氣，我也對你們夫妻說了過分的話。	未來我會先和你們討論和確認，也避免在孩子面前做負面的示範。
大人對孩子的誤會。	我覺得很抱歉。	我誤解了你的意思，也對你說了不禮貌的話。	我很想知道，怎麼樣問，你會比較願意告訴我呢？

「有效的道歉」，有使用上的限制嗎？

基本上沒有。

因為這三個步驟傳遞了你道歉的態度，讓別人感受到你真心反省自己的過失，也願意提供補償的措施、並且尊重對方的感受及需求。

如果非得要舉出例外，唯有一個需要注意的時機。

當你的身上擁有大人、主管、教師等角色，面對權力位階相對較低的孩子、員工、學生之間的衝突，如果你欲介入，調解衝突時，避免先入為主地判斷誰是誰非，然後強迫你認為過失較大的一方，非得用這三步驟向對方道歉。

那種道歉只是礙於你的權威、敷衍了事的行為罷了。在你看不見的地方，他們很可能會出現更大的衝突。

協商的過程不是本書的重點，所以在此不多加贅述。但是，你可以在釐清事情的脈絡之後，邀請雙方思考：如果彼此都有一些過失，藉由三步驟道歉法，他們會想對對方說什麼。

他們所說的道歉，或許無法第一次就讓彼此感到滿意，所以需要幾次的練習與對話。不過，在思考的過程中，個人也逐漸練習為自己的行為負起責任。相較於只是不甘願地被迫道歉，執行被別人規定的補償行為，認真思考「有效的道歉」的過程有意義多了。

練習

1對你而言，如果要坦誠地向他人道歉，你擔心的是什麼？

2針對以下事件，請你試著以「有效的道歉」做練習：

事件	1.表達道歉	2.坦承疏失	3.提出補救
把對方的作業借回家，隔天卻忘了帶來學校。			
自願幫同事處理工作，卻超過時效，還沒做完。			
弄壞對方的東西，兩天後被對方發現……			

第三篇、有效防禦：提升衝突解決力

面對衝突三守則：

1 想要提升衝突解決能力，從改變自己開始。

2 衝突真正的目的是溝通，而不是攻擊對方。

3 衝突幫助我們了解彼此重視的需求與價值。

十六、處理衝突，欲速則不達

——了解「情緒水缸」，面對衝突不慌張

「有問題要立刻處理，否則情況會變嚴重。」對於這句話，你有什麼想法呢？的確，遇到像是工廠管線外洩、電腦系統遭到駭客入侵等危機，確實需要抓緊時間趕緊修補，才能避免更嚴重的後果。但是**人與人之間的衝突，重點不只是「事情」，還摻雜許多「情緒」在內，而情緒的影響力往往更勝於事件的內容本身。**

我們經常低估情緒的影響力，然後理所當然地勸告別人：「冷靜下來，不要有情緒，才能好好處理問題。」這句話騙騙別人或許還行，但你絕對騙不過自己。因為情緒就活生生在內心翻滾、沸騰，讓你無法冷靜思考，妥善行動。

不去想的事，肯定更有事

心理學有一個很有名的「白熊效應」——愈是提醒自己不要想的事情，就愈會去想。

不相信嗎？來，我現在就帶著你實驗看看。

請你先深深深地吸氣，緩緩地吐氣，試著放鬆身體。

然後，腦袋裡面不要想著一頭全身雪白的大熊。看清楚：我叫你不要想著一頭大白熊，所以你不可以一直想著一頭大白熊喔。

「不要在腦海裡想著一頭全身雪、白、的、大、白、熊。」

你發現了嗎？我每提醒一次，圓滾滾的大白熊就會在你的腦海裡出場一次。

許多情侶在分手以後最痛苦，也最困難的事情，就是要求自己盡快「忘記對方」，因為你每提醒自己要「忘記」對方一次，就等於又想起對方一次。

同理，當你想要瘦身的時候，經常努力提醒自己不可以吃火鍋、炸雞、蛋糕、珍珠奶茶……這時候，你的腦袋在想什麼？

沒錯！就是這些美食，而且想到這些美食還會不自覺嚥口水，覺得肚子有點餓呢。

所以囉，當你告訴自己或他人不要生氣、難過、憂鬱、緊張，這時候重複被你提醒、被放大的情緒是什麼？此刻你應該清楚了吧。

從現在開始，停止告訴自己與他人：「不要去想，就不會有情緒；不要有情緒，就可以好好處理事情。」

不去面對，不代表這些情緒就會自動消失；但若要面對難受的負面情緒，我們就需要一套更有效的策略，而不是重蹈過往那種負向循環的思考模式，讓自己困在負面情緒的漩渦。

如何回應？心理師這麼說——

認識「情緒水缸」原理

我們的內心就像一座容量有限的水缸，當水缸裝滿負面情緒時，就無法裝載更多東西。因為內心已經被負面情緒所占滿，所以當別人要你快樂一點，鼓勵你正向思考，對你而言，無疑是很困難的任務。

那麼，要怎樣才能讓自己重新擁有正向的能量呢？聰明的你，是否已經想到了方法？沒有錯，那就是把內心的負面能量倒掉一些，才能騰出一些空間，裝入正向的能量。

重點來了，想要舀出水缸裡面的水，任何一把水瓢都辦得到。但是我們的負面情緒不像是現實世界中的水那樣具體，伸手一舀就輕鬆辦到。如果**想要處理負面情緒，我們就需要一把具備「理解」與「同理」功能的特製水瓢。**

舉個日常生活常見的例子。

我常聽到老師教訓學生：「為了一點小事就吵架，你們難道不知道同學之間要相親相愛嗎？為何不各退一步？來，向對方道歉……」接著講起白羊、黑羊在獨木橋上僵持與退讓的故事……

在這種情境下，你覺得孩子會真心反省，向對方道歉，還是在心裡咒罵：「他媽的，等一下回教室，你就知道我的厲害……」？

學生不願意向對方道歉，很可能是因為主觀覺得被欺負，加上被老師誤解與責備，這些生氣與委屈占滿內心的情緒水缸，以至於沒有多餘的空間，再去反省、思考更適當的行為策略。教育學生的確是老師的職責，但如果只是想趕快解決問題，卻沒有關注到個人的情緒，成效往往事倍功半。

如果我們想引導對方舀出水缸裡的負面情緒，就得透過傾聽來理解他的處境，並且同理他的情緒。**當這些堆積在內心的負面情緒被聽見、被聽懂，然後被接納之後，會像**

是暖呼呼的水蒸氣那樣輕柔地蒸發，這麼一來，原本滿載的水缸就會自然騰出一些空間，讓人覺得比較放鬆

這時候，你施予的教育和鼓勵，才能被學生吸收。

理解，可以減少你的怒氣

我們對事情的「理解」可以分成兩種層次，一種是用自己習以為常的觀點來理解事情，稱作「主觀式理解」；另一種是試著用對方的角度來理解事情，稱為「客觀式理解」。

沒有一個人能夠做到完全的客觀，但我們可以練習用「盡可能不要太主觀」的態度試著貼近對方的立場，理解他的處境。

有時候我們對一個人發怒，往往是因為他的行為表現與我們的期待或價值相違背，所以對他的行為貼上負面標籤。在這種情況下，我們是以他的「行為」來評價他這個人。

例如，一個經常遲到、上課打瞌睡、制服泛黃、身上有些異味的高中生，從我們的角度來看，會認為他是不衛生、不成熟、生活常規不佳的，所以需要被教育、被處罰。

但是，如果把我們熟悉的規則、價值暫時先移到一旁，試著用客觀式的理解「走進」他的世界，或許我們會發現：他的父母長年離家，他放學後必須去打工賺錢，養活自己與妹妹。家裡沒有洗衣機，他經常因為工作疲累，無法好好把衣服洗乾淨。他沒有吃早餐，所以精神總是不好，因為他必須把錢留到晚上，他和妹妹才有錢買飯吃……

看到這裡，即使你依舊不認同他在學校的表現，但是，你對他還會如此生氣嗎？我猜，你對他的負面評價很可能會淡化許多。

因為你的觀點改變了：在你的眼裡，他不再只是一個衛生習慣不佳的高中生，同時也是一個有擔當、負責任的哥哥。

觀點改變了，人對事情的容納度也變得更寬廣，連帶地情緒也會有所不同。如果想要拓展自己的觀點，那麼，試著放下自己的價值觀，走進對方的世界，增加對他的理解，就是最好的方式。

同理，打造更信任的關係

「理解」是了解事情的內容、來龍去脈，「同理」則是體會對方的「情緒與感受」。

每一個人都是不同的個體，擁有獨特的生命經歷，因此我們未必都能夠對對方所遭遇的事情感同身受。但我們可以試著站在對方的立場去體會：如果是你自己遇到同樣的情況，可能會有什麼樣的心情與感受。

每一個人都值得被同理，這無關乎對方做了什麼行為，以及世人對這個行為的評價。例如：

◆因為買不到玩具而嚎啕大哭的孩子，內心可能是失望的、喪氣的。
◆考試作弊被抓到的學生，可能是懊悔的、憤怒的、羞愧的。
◆長年失業、選擇用酒精麻痺自己的人，內心可能充滿自責、怨懟、無力。
◆一個經常換工作的人，內心可能是迷惘、無助的。

這些人的行為雖然不符合社會的規範或期待，但是他們的遭遇值得被細細地理解，他們的情緒與感受也需要被同理。如果你能讓對方感受到：「你相信他們不太好受，也可能正在經歷一段很辛苦的歷程」，雖然你幫不上什麼忙，但他們卻會覺得有人懂他們，願意體會他們的感受，因而擁有被支持的感受，也比較不覺得那麼孤獨。

讓時間冷卻情緒，討論才更有意義

我常聽到人們說：「問題如果不立刻處理，就會失去重要的時機。」其實，我覺得那只是因為自己正在氣頭上，如果沒有立刻把心裡的話說出來，把情緒發洩出來，心裡會覺得很難受而已。

人在情緒極端高漲的狀態下，大腦執行決策與判斷的能力很可能會退化回原始的狀態，就像是動物在遇到危險之際，會出現的反應最主要分成兩種：戰或逃（fight or flight），這種反應放在人類的行為裡就是「攻擊對方，或者遠離現場」：要嘛與你大吵一架，要嘛房間門用力一甩，把自己關在裡面，拒絕溝通。

時間無法解決所有的問題，但至少可以讓激動的情緒稍稍平緩，幫助我們的大腦回復到比較理智的狀態。愈是重要、複雜的問題，愈是需要平靜的情緒和思緒清晰的大腦，才能好好討論，不是嗎？

睡飽，再來喬事情！

「充足的睡眠」對人的身心健康很重要，卻經常被忽略。

一般來說，十八至六十五歲的成人，每天平均需要睡眠的時間是七至九小時。如果你這段時間的睡眠品質不太好，睡眠時間不充足，或許也不是處理人際衝突的好時機。

睡眠會影響人體內神經傳導物質的分泌與作用。研究發現，當人們的睡眠品質不佳、睡眠時間不足時，你的決策能力與情緒處理能力都會下降。

決策能力低落，可能會讓你說出不適當的語言，做出錯誤的決策與衝動行為；而情緒處理能力下降，則會讓你感到憂鬱、焦慮、低落。處在負向情緒的狀態裡，此時也容易將他人原本中性的行為、情緒，做扭曲且負向的解讀。

你想，在這種狀態下，你能夠好好與對方說話，妥善處理衝突嗎？先去睡一覺，睡飽，再來喬事情吧！

練習喊暫停

當雙方正處在高漲或低落的情緒狀態時，往往不是談話的最佳時機。這時候，你可以試著練習「喊暫停」：

◆我現在情緒不太好，請你等我十分鐘。等等我們再來討論，好嗎？
◆我發現你現在心情很難受，你稍微休息一下，等等我會和你討論，好嗎？

如果對方是父母、長官，你無法（或不敢）要對方等你冷靜，那該怎麼辦？這時候就可以使用類似「尿遁」、「要回電話」、「關瓦斯」等等對方無法拒絕的理由，讓你可以暫時離開現場冷靜一下，並且思考對策。

總而言之，想要處理情緒的問題，在情緒高漲時並不是最恰當的時機，試著找到雙方都比較冷靜的時刻，從理解與傾聽開始著手。

慢慢來，比較快。

練習

1為什麼在衝突發生當下，彼此都在強烈的情緒時，不適合處理事情？
2用哪些方式，可以幫忙我們舀出「情緒水缸」裡的負面情緒？
3如果真的需要暫時離開現場、冷靜情緒，你有哪些好用的理由呢？（蒐集愈多愈好喔）

十七、你不爽，幹嘛不明講？

——認識「被動攻擊」，緩解人際衝突的內傷

假設你每次到同一間速食店買炸雞時，都會挑選你喜歡的部位，而店員也總是從善如流地點餐。某一次農曆春節，店家在門口貼了一紙公告：「因應春節人潮眾多，連假期間，恕不開放挑選炸雞部位。」但你完全沒注意到公告，飢腸轆轆地衝進店裡。當然，又一如往常地挑選你喜歡的部位。

點餐的店員照常輸入訂單，不一會兒，後台似乎有一些躁動，原本正在夾炸雞的店員停下動作，低頭不發一語。一位穿著看似店經理的人正在對他大聲訓話。

話訓到一半，店經理突然把頭抬起來，眼睛看向正在等待取餐的你，然後緩緩地朝

你走來……

「不好意思喔，請問～你不知道今天不、開、放、挑選部位嗎？」店經理把裝著炸雞的紙袋，用力地「放」到你面前。他的話裡沒有一個字是粗魯的，但臉部肌肉明顯緊繃，音量大得有些突兀，店裡滿滿的客人，紛紛轉頭看向你……

這時候，你會怎麼回應呢？

◆當場愣住，覺得困窘：「哎呀，真丟臉，我怎麼沒看到公告？」

◆低聲道歉：「對不起，我沒注意到這件事。」但事後你可能又覺得不舒服：「是他服務態度惡劣，我剛剛幹嘛低頭道歉？」連假的好心情也跟著泡湯。

◆出言反擊：「你兇個屁啊！好好講話不行喔？」但是才剛罵完，你就開始擔心旁邊有沒有人拿手機直播，然後你將成為新聞畫面裡重複播放，霸凌辛苦店員的奧客……

◆話中帶刺：「唉唷～生意好、賺夠了，果然態度就不一樣。」「是啦，都是我沒讀書、不識字，看不懂你們的規矩。」

◆鼻頭一酸、聲淚俱下：「我只是希望過年期間有一塊炸雞溫暖孤獨的心，我不知道我做錯了什麼，要讓你這樣兇我……」（這應該是電影看太多了。）

不管你選擇哪一種回應，都代表你心裡覺得不舒服。可是為什麼對方明明沒有說什麼過分的話，我們卻覺得不舒服？

因為，**他的語氣和眼神透露出不友善的態度：他的「不好意思」聽起來像是「你怎麼好意思？」他的「請問」聽起來像是在「質問」你。整句話聽起來，其實就是指責你是來找碴的。**

這就是典型的「被動攻擊」。

如何回應？心理師這麼説——

「被動攻擊」是什麼？

對於「攻擊」這個概念，我們最熟悉的就是肢體傷害，或者語言的羞辱、謾罵、指責。然而，當人們在採取「被動攻擊」時，表面上，往往看不出明顯的敵意或憤怒，他可能展現自己的無能為力，甚至對你表達道歉。他的行為看起來是如此消極而無害，但這種「無奈」、「不作為」、「道歉」卻又讓你感受到一種「難以具體描述」的不舒服。

這種有如化骨綿掌，傷人於無形的招式，當然也是一種不折不扣的攻擊。

請你回想一下，是否聽過類似的回應：

1. 都怪我書念得不夠，難怪聽不懂你在講什麼。
2. 都是我太愛你、太投入，才讓你覺得有壓力。
3. 「沒關係，我不重要、不需要吃這麼好的東西。」他說。然後你發現用心為他準備的食物就這樣放到餿掉，最後只好扔掉。
4. 表面上認同你幫他安排的面試，但總有各種理由，讓他當天錯過面試。

聽到這些話，你很難不動怒。

你不僅氣對方，更氣自己為什麼找不到讓你不舒服的原因。伴隨著生氣而來的，還有你不知道該如何因應對方，總有一種挨悶棍的無力感。

我們來找出上述被動攻擊，讓人不舒服的關鍵：

1. 他說自己理解力不好，其實是在指責你說話太難懂。
2. 他說自己太用心，其實是在責怪你不懂得珍惜。
3. 他用客氣且委婉的語氣拒絕你的善意。
4. 他透過遲到、拖延、不完成某些答應你的任務，表達對你的拒絕。

「不爽就直說啊，幹嘛用這種迂迴的方式？」你可能會很困惑：為什麼人們不開門見山、有話直說，卻要採取被動攻擊？

說不出口的負面情緒

被動攻擊的形式是「心裡不爽，卻不明講」，而這個「不明講」很可能是因為：

1. 不敢講

從小就不被允許說出自己的需求、不能如實表達自己的情緒，害怕說出來，可能會被懲罰、被譏笑。因為害怕受傷，在成長過程中，逐漸用壓抑、忍耐的方式來面對自己內在的需求和情緒。同時也警惕自己：「說出真實的想法與感受，肯定會遭來處罰。」

2. 覺得不該講

在意他人的眼光，害怕自己在別人眼中不完美的樣子。擔心如果別人知道自己有所求、有不足、有脆弱，就會因此被討厭、被疏離。在這種擔心的背後，其實是深層的自卑心作祟。

3.不想講

對於關係的不信任，不相信對方真的會接納我們、包容我們。擔心說出來就會有危險，所以不想講。然而想要建立一段健康的關係，我們必須學會坦承自我，也學習接納對方。一段無法接納彼此的關係是脆弱的，這樣的人往往覺得對方不值得信任，但真正讓他難受的，是害怕自己不被他人所接納。

他們雖然沒有把自己的不舒服說出來，卻透過各種被動攻擊的形式來「表達」內在的負面情緒。**一旦你被這種行為惹怒，並且指責對方時，對方就可以「合理」地回擊，一場衝突於焉產生。**

原本被攻擊、覺得委屈的你，搖身一變，瞬間成為加害者。同時間，沒有把情緒坦白說出口的對方，卻成了受委屈的被害者。表面上看起來，是你的憤怒引發這場衝突，他只是無辜地被迫捲進衝突。但**實際上，他才是醞釀這場衝突的始作俑者。**

如何才能幫助自己免於這場無妄之災呢？

第一步、避免情緒被牽動

面對被動攻擊，最重要的第一步：**避免隨著對方的情緒起舞。**

你要提醒自己：對方並沒有說出真實的情緒和需求，他有意無意地藉由被動攻擊，勾動你的負面情緒，並且等著你挑起這場戰爭，促使你做出他期待的行動與改變。這時，你若沉不住氣暴怒或指責對方，就跳進了加害者的角色，屆時需要道歉，需要改變的責任就都算在你身上了。

第二步、容許衝突存在

解決衝突的三原則之一：**衝突幫助我們了解彼此重視的價值。**

衝突可以幫助我們了解彼此的期待和需求，如果你能重複提醒自己這件事，就不會在每次快發生衝突的時候，讓焦慮像是失控的海嘯那樣將你掩滅。

請記得：人際衝突沒有你想像的那麼危險。試著靜下心，來傾聽對方說的話，才有機會做更適當的回應。

第三步、客觀描述對方的行為＋如實表達自己的感受

◆當你那樣對我說話時（行為），其實我還滿受傷的（感受）。

◆看到你把那塊蛋糕放到壞掉、扔掉（行為），其實我滿失落的（感受）。

◆聽到你說我沒有珍惜你的努力時（行為），我還滿訝異的（感受）。

或許對方並沒有覺察到自己的人際互動模式，透過客觀描述對方的行為，可以幫助對方覺察他的人際行為，也讓對方更願意面對你期待的討論。「客觀」是指貼近事實的描述，不加上個人的情緒或帶有評價的成分；而「如實」表達自己的感受，是為了讓對方能夠理解我們的狀態。

如果我們使用帶有評價的描述，很容易就會激發對方的防衛和負面情緒。

第四步、說明你期待的溝通方式

說明你期待的溝通方式，讓對方有機會理解

客觀描述	評價描述	客觀描述	評價描述
丟掉蛋糕。	浪費食物。	你剩下好多食物。	你辜負我的苦心。
說話大聲。	口氣很差。	你沒有回我電話。	你害我徹夜難眠。
你說我不珍惜。	你汙衊我不珍惜。	他喜歡規律的生活。	他的生活很無趣。

你，學會用你期待的方式與你互動。你的口氣可以委婉、尊重，但必須清楚且具體地說明你希望對方怎麼做。

◆如果你真的不喜歡這蛋糕，你可以直接告訴我。

◆如果你覺得我說得太複雜，可以要我換個方式說明。

◆如果你覺得努力被我忽略了，我想你一定很不好受。如果你希望我更敏銳一點，你可以提醒我，或者教我嗎？

自我保護的小提醒

進行這前述這些練習時，有一些需要注意的事項：

1. 尋找適當的對話時機，不要在彼此情緒激動時，進行談話（請參考第十六章）。
2. 即使你做了充分練習，對方也未必能有你期待的回應。
3. 判斷行為的風險：在權力不對等的勞資關係、充滿暴力的親子關係或伴侶關係裡，本章的練習很可能無法立刻收到理想的效果。這種狀況下，還是以保護自身安全為首要原則。

練習

1因應被動攻擊有四個步驟：容許衝突存在、說明你期待的溝通方式、避免情緒隨之起舞、客觀描述對方的行為＋誠實表達自己的感受，請依照行動的順序填入下列空格：

2為什麼描述對方的行為時，用字遣詞要盡量客觀？這樣做，對溝通的好處是什麼？

3如果你有一些行為不太適當，你會希望別人如何提醒你，才不會讓你不舒服？

第一步	第二步	第二步	第四步

十八、當關係充滿指責，該怎麼辦？

——情緒只是煙霧彈，重點是沒有說出來的聲音

演講的現場並不總是一派和氣。

有些夫妻聯袂來參加講座，談到某些議題時一言不合，當場就指責對方不負責、不體貼、孩子會出問題都是對方的責任……

礙於還有其他人在場，他們用字遣詞和說話的力道多少有所保留，但我可以感受到，內心那些累積許久的負面情緒，還有很多被壓抑，沒有說出口。

看著眼前這一幕，我常覺得困惑：「我們之間，為什麼充滿了指責？」「這種指責的互動模式，是從什麼時候開始的？」

我想起某次在市政府授課時一位夥伴分享的事情。在此，我們稱呼他為小傑。小傑在課程中談到這件事情的時候，語氣和表情都很挫折。

他在一次大學死黨的聚餐上，禮貌性地稱讚好友的太太手藝精湛，能夠天天吃到這些飯菜真的很幸福，並且連吃了幾碗白飯。他誇獎朋友的房子布置得溫馨又好看，他也好希望擁有自己的房子，把家裡設計成喜歡的風格、養隻毛小孩……

回家路上，太太的臉色不太對勁，並且異常沉默。他幾次關心詢問，但是太太都沒有回應。

幾天後，小傑收到太太的LINE傳來幾則訊息：

◆你在朋友面前說那些話，難道不會讓別人嘲笑我是不會煮飯的妻子嗎？

◆我已經很努力學煮飯了，你故意在我面前稱讚別人，是想讓我難堪嗎？

◆明明是你叫我不用去工作，結果你講得一副好像只有你在賺錢，難怪買不起房子……

◆你不要回我訊息，我不會回應。

之後的劇情發展不難想像。無論小傑如何解釋，太太並沒有打算傾聽。

這種戲碼在他們的婚姻裡一再地發生，雖然後來總會「和好」，但是前嫌並沒有盡釋。每一次衝突所引發的情緒、誤解，都持續累積在彼此內心，因此每一次衝突的強度，也都比之前更劇烈……

這時候，你猜現場的同事聽到了這件事情，會如何回應呢？

◆這就是你不對了啊！你怎麼會去稱讚別人的太太呢？

◆委屈放心裡就好，買不起房子這種事，為什麼要說出來讓別人知道呢？

◆去向你太太道歉吧，以後說話小心一點……

◆女人總是比較敏感，你不要往心裡去，過幾天，她自然就會好了。

聽到這些話，小傑似乎更挫折，原本欲言又止的動作，乾脆停了下來。

我問他是否經常聽到這種「規勸」，覺得不但沒有被理解，而且還被指責。

他點點頭，回以一個苦笑。

我相信，這些「苦口婆心」的語言聽在他的耳裡，根本就不是陪伴，而是落井下石……

「指責」缺乏溝通的意願

小時候老師常常告誡我們避免指責他人：「當你用食指指著對方的時候，別忘了有四隻手指頭指向自己。」但我常常頂嘴：「不會啊！大拇指怎麼彎都不會指向自己吧？」然後我就被叫去垃圾桶旁邊罰站……

啊，岔題了！讓我們回到正題。

「指責」是一種單向的表達行動。當太太指責小傑的時候，並沒有想要與小傑溝通，只是想將負面情緒丟到對方身上，認為對方的所作所為是錯的、是不夠好的。接著她採取冷戰，拒絕溝通，等於也剝奪了小傑澄清的機會。

可是，為什麼當一個人感到不舒服時，不是試著向對方澄清，聽聽對方的說法，核對彼此的認知，反而先指責對方，認定對方是惡意，是衝著自己而來的呢？

慣性指責

一個經常指責他人的人，通常有幾種特性：

1. 缺乏覺察的能力

當他因為某些事情不舒服時，無法辨識這些不舒服，到底是來自他人的冒犯？或者是自己偏頗的解讀所致？因為缺乏覺察的能力，所以無法正確辨識出令自己不舒服的來源。

2. 缺乏溝通的意願

有些人只想單方面宣洩情緒，卻沒有與對方溝通的勇氣或意願。有些人則是不知道如何與對方溝通、澄清。因為缺乏溝通，所以誤解也沒有機會解開。

3. 缺乏反省的行動

把情緒往他人身上丟，是解決負面情緒最快的方式之一。因為「錯的都是別人，自己一點責任都沒有」，所以全都責怪別人就是了。但是**這種歸咎他人、遷怒他人的方式，也是人際關係中最糟糕的行為**。因為缺乏反省，他也不認為自己需要改進。

可是你有發現嗎？就算你怪東怪西、怪天怪地，能怪的對象都責怪完了，心情卻還是不太好。到底是為什麼呢？

「指責」不等於溝通

當你指責對方以後，或許會感受到短暫的快感，但那只是情緒的抒發，而**你內心真正的想法、感受、需求，並沒有被聽見。**

你沒有說出自己真正的想法、感受、需求，別人當然也無法理解你。至於別人的想法是什麼，感受是什麼，你可能並不在意。也因為你情緒化的反應，別人根本也不想好好跟你說話。

結果你責怪完對方，除了關係變得惡劣，別人也可能更加疏遠你。或許別人真的因此比較少再去惹怒你，你也覺得耳根比較清靜。但實際上，大家是默默「封鎖」你，與你保持距離，避免無緣無故又被你遷怒。

所以在**人際互動中，「慣性指責」的人不但無法獲得別人尊重，反而讓別人對他避之唯恐不及。**

減少指責的四個自問自答

人際互動免不了衝突與誤解，這時候，要好聲好氣說話真的不太容易。不過，情緒化的謾罵對人際互動絕對沒什麼好處，如果彼此又是親人或同事，那破壞性就更大了。

建議你在日常生活中多多練習這四道問題，減少因為情緒化而出現毫無意義的指責。以下，我以小傑的太太為例子做說明：

1. 我是否足夠了解這個人？

我所認識的小傑是喜歡拿我與別人做比較的人嗎？他是一個不把話講清楚，卻在別人面前酸我的人嗎？如果都不是，那麼當我聽到小傑這樣說的時候，我的不舒服是因為什麼？就算他是真的覺得飯菜好吃、房子很漂亮，難道就是不滿意我嗎？

2. 我是否足夠了解整件事？

小傑以往如何與這些好友互動？是否他們本來就會比較客氣地讚美對方？是否他們本來交情就很好，所以也真心為對方現在好的發展而感到開心，並且給予祝福？

3. 我是否拒絕了溝通？

當我覺得不舒服的時候，是否可以先問問小傑剛剛說的那些話，背後是不是意有所指？我可否試著告訴小傑，當他在那個場合講那些話的時候，其實我聽了覺得有些困窘、有些在意？然後，也請小傑試著說說自己的想法。

4.我是否沒有同理對方的感受？

當我在一場聚會後，突然開始冷戰，並且在LINE上講完話後，開始不讀不回，他的感受會是如何的？如果這麼做，會讓他很難受，那這是我要的嗎？讓他感到難受，對我而言有什麼好處嗎？

當你把這四個問題思考過幾次之後，你很可能會發現，自己的情緒多少夾雜了對對方的誤解。

我不是要你忽略或否認內心的不舒服，但這些情緒裡面，有很大一部分往往是來自於你不了解對方的動機，才會因為覺得被誤解、不被尊重，因而感到不舒服。

透過這四個問題的思考，你會更清楚自己重視的到底是什麼，在對方的行為背後，對方究竟又是在想什麼，然後你會驚覺：「啊！原來指責並不會讓對方更了解你，你們的關係也不會因而變得更好。」

如何因應他人的指責？

雖然我們無法控制別人「停止指責」，但還是有一些原則可以因應。

原則一，面對愛指責的人，能避開就盡量避開，無法避開就維持最基本的互動就好。例如簡單的問候、職場上基本的互動。

原則二，不要期待對方會改變。那或許是他習慣的表達模式。他對許多人都是如此，所以他的指責也未必只是針對你。期待對方改變，只會為你自己帶來更多失望。

原則三，即使對方指責你，也不代表你只能被動接受。如果你很重視這段關係，就可以採取一些因應的方式。第一種方式是讓對方知道你必須暫時離開現場，等待彼此情緒都比較穩定之後再來討論；第二種方式是使用「我訊息」（請參考第八章）的因應方式：同理對方的情緒，也讓對方理解你的感受，並且讓對方知道除了指責之外，你比較期待他用哪些方式與你溝通。

有時候，在講座當中，還是會有人繼續追問：「你不是當事人，說得倒是輕鬆。換成是你身陷其中，或許也會指責對方！」

是啊，我同意。

就因為我不在情境裡，所以才能擁有「理性」的態度來因應這狀況，而這一份「理性」，正是我們在面對衝突的時候最需要的資源。

我常常覺得，指責、發脾氣，都是情緒表達的方式之一。可是，如果你表達了某些情緒之後，卻得花更多的力氣，去處理這些情緒造成的傷害與麻煩，那麼，何不練習提升「理性」，避免製造這些不必要的麻煩呢？

練習

1為什麼指責不算是溝通？
2當你想要指責別人之前，有哪四個問題，可以作為提醒自己的參考。
3本章提到想要妥善面對他人的指責，你有三種原則、兩種方式可以使用，你知道是哪些嗎？

十九、面對看不順眼的人，該怎麼辦？

——理解，讓充滿偏見的高牆倒下

二十五歲那一年，我因為工作的緣故，獨自前往上海。

某一天清晨，我一個人搭著巴士前往浙江旅遊。或許是身處異地，周圍此起彼落陌生的上海話，讓我有些焦慮不安。

車子出發前，一位大媽穿著大紅色毛衣衝上車，一屁股就坐在我旁邊。我戴上耳機，準備一路睡到目的地。結果音樂還沒播放，大媽就開始搭話：「您打哪來？」「台灣？是個好地方呀！」「我們內地也都喜歡聽台灣的音樂。」

幸好大媽的普通話腔調還行，話題聊開了。我索性把耳機摘下來，一路聊到浙江。

那天中午逛完景點後，大媽請我吃了一桌羊肉大餐，然後又一路聊回車上。

回程路上，我問大媽哪裡人。她摀住嘴巴，低聲說了幾個字。聲音之小，完全不像是她從早上就沒停過的大嗓門。我因為車上吵雜聽不清楚，所以又問了一次。大媽才說：「『烏魯木齊』在中國有些敏感，要講小聲一點……不知道你從台灣來的，會不會也對我有些不自在？」我很訝異她的回應，因為在我的脈絡裡，烏魯木齊只是地理課本上的一個章節，沒有其他負面的象徵。

回到學校後，我和幾位當地的研究生分享這段旅程。

沒想到當他們聽到「烏魯木齊人向我搭話，請我吃飯」，紛紛瞪大眼睛，驚訝地問我：「你還好嗎？」「有沒有發生什麼事？」並且一直叮嚀我要小心「他們」，不可以太輕易靠近「他們」。

我猜測大概與政治議題有關。只是一整天相處起來這麼親切的一位長輩，這時候突然被另一群同樣也很友善的人，稱為需要提防的「他們」，我突然有些難以適應。

到底誰才算是「我們」，誰又該被歸類為「他們」？誰才值得被信任，誰又需要被提防呢？

在職場、學校或者其他生活情境裡，你、我多少都會有不喜歡的人。

你對他的討厭可能輕至偶爾觀念的不同，也可能強烈到排斥和他共處一室，甚至不想和他呼吸同一個空間裡的空氣。你或許不太清楚自己為什麼這麼討厭他，也不知道怎麼樣才能減少與他互動時的不舒服。

若是沒什麼往來需求的人就算了，如果因為某些因素而必須頻繁互動，那怎麼樣才能減少對他的負面情緒呢？

如何回應？心理師這麼說——

「我們」和「他們」：偏見的起源

電影《幸福綠皮書》裡，鋼琴大師唐納・謝爾利在滂沱大雨的夜裡，悲憤地說：「就因為我不夠黑、不夠白，又不夠男人，所以經常受到不公平的對待！那你告訴我，我是什麼？」好像我們只要不符合多數人認為的「正常」，就理所當然地要被歧視、攻擊、邊緣化。

人類是居性的生物，為求生存，我們必須尋找能夠合作的人，透過找到彼此之間的共同之處，藉以形成互相信任的群體。久而久之，這群人所相信、重視的事情，就會變成這個團體的信仰。漸漸地，大多數人共同相信的事情，就變成所謂的「真理」。

信奉這些真理與價值觀的人，就叫做「我們」；相對地，對這些真理抱持懷疑，和大部分人習慣的行為舉止不同的人，就被稱為「他們」。

「我們」與「他們」是一種粗糙而侷限的分類方式。我們挺綠，他們挺藍；我們是教師，他們是家長；我們是功課好的一群，他們是沒教養的一群；我們是虔誠有智慧的〇〇教徒，他們是迷信〇〇宗教的笨蛋；我們是異性戀、他們是同性戀……

網路上有一段丹麥國營電視台拍攝的形象短片[5]，就是描述人們透過貼標籤的方式，簡略卻又粗暴地將人進行分類，因而造成人與人之間的隔閡。

「我們」製造了一個堅不可破的同溫層，誤以為在同溫層裡的所見所聞就是真理的全部。「我們」也關起門來，拒絕接觸他人，甚至抨擊另一群人，認為非我族類的「他們」都是錯的，是該被改變，不然就是要被排擠的。

這種「與我們不同，就等於不好、有問題、需要被改變」的概念，本身就是一種偏見。

覺察自己的刻板印象

「偏見」是指我們對某些特定對象的情緒，而組成偏見的成分，則是許多具有「刻板印象」的想法。**刻板印象有兩種極具破壞性的因素：「過度簡化」與「缺乏彈性」。**

「過度簡化」是指我們藉由貧乏的訊息，未經審慎考量的評估，就對人或事做出某種因果關係的推論。這種推論往往摻雜大量的主觀價值與意識，卻未必貼近客觀的現象。

例如：支持某政黨的人，都是智商偏低、腦袋有洞；支持某些議題的人，都是道貌岸然的假知識分子；去國外設廠的人，都是愛錢不愛國的奸商；學歷低的人都沒知識……這些斬釘截鐵的結論，都是過度簡化的推論，因為在二元對立的答案之外，肯定還有許多值得關注的細節。

「缺乏彈性」則是指，一旦我們對某些人、事形成推論後，就找不到轉圜的餘地、失去看見其他可能性的能力。即使對方大部分的表現都與你對他的刻板印象不同，但是因為你被自己的刻板印象侷限住了，以至於無法客觀地對他形成更全面的認識。

有一個簡單的方式，可以覺察你的刻板印象。

請你留意自己是否有這種狀況：針對同一件事、同樣的行為舉止，由A來表達，你不覺得有什麼不妥，也會為他找出許多正向的理由合理化；但如果發生在B身上，你就會用負向的觀點解讀，覺得他一定是圖謀不軌、心懷鬼胎，並且拒絕接受其他觀點與可能性。

如果有這種現象，我向你保證，你對B肯定持有負面的刻板印象。

聽聽對方的故事吧

想要降低與特定對象互動時的不舒服感，就得先降低對他的負面情緒。如果你找不到任何方式降低對他的負面觀感，那麼，最有效的方式就是去「聽」他的故事。

有時候，我們莫名其妙討厭一個人，很可能只是因為對方「不符合我們認同的某些價值觀，不符合我們對某些行為表現的期待」。

可是我們並不清楚：「為何這個人的行為、價值觀、態度與我們不同？」「何以他會有這些價值觀與行為？」換言之，**我們只看到他的表面，卻不理解他的成長背景與生命脈絡。**

如果你理解他在家裡總是被忽視，或許就不會這麼討厭他在上課搶著說話；

如果你理解他總是有一餐沒一餐，就不會討厭他在點心時間總是爭先恐後；

如果你理解他從小就經常被大人拿來比較，就不會討厭他為何樣樣都想得第一；

如果你理解他們家從小極度嚴格管教，就不會討厭他為什麼很少與你們一起夜遊狂歡。

你變得比較不討厭對方，並不是因為對方改變了什麼，而是你理解了他的生命脈絡。因為理解，你改變了對他的刻板印象與偏見，連帶地也減少對他的負面情緒。所以當你想改變對某個人的負面觀感，不妨多聽、多理解他的故事。

我們看見的，只是部分的景色

站在不同角度觀看地球儀，看到的國家都不一樣。

聽到同一句話，有些人會被惹怒，有些人完全不在意，有些人微笑以對。雖然外在的人事物會影響我們的情緒波動，但真正決定我們感受到什麼情緒的，是我們看待事物的觀點。

這一套觀點從我們還很小的時候，甚至還沒學會說話、寫字，就透過與父母、手足、鄰居互動的過程，像是蓋房子那樣一磚一瓦堆砌起來。

你的眼光會集中在你在意、重視、偏好的事件上，你「看到」的是你所關注的焦點，但你關注的景象並不代表事情的全貌。就像在地球儀的後方，還有許許多多的國家，你之所以看不到，是因為你站立的位置所導致，而不是它們不存在。

試著移動腳步，就能夠看見不同的風景。

不求相親相愛，但求尊重彼此

小時候，如果你曾和同學打架，很可能有被老師叫到辦公室，然後和對方面對面互相道歉、握手言和（更噁心的是互相擁抱，向對方說我愛你）的經驗。孩子之所以照著做，通常只是因為害怕被處罰，賣老師面子而已。

我不認為人與人一定要相親相愛。

有時候，我們因為生活經驗相差甚遠，導致彼此價值觀差距太大。有些人，你就是打從心裡不喜歡他的言行舉止，也無法真心欣賞彼此的差異之處。那麼，硬要自己去和對方熱絡地互動，表現出親善友好，實際上卻是痛苦得要死，那又是何苦呢？

一味追求看似親善的人際關係，付出的代價就是壓抑自己真實的情緒感受，也因為你不是發自內心真的想和對方親近，所以這種親善是很不切實際的。

人與人之間本來就有差異存在，我們或許不喜歡對方某些行為或特質，但透過理解，可以幫助我們學習尊重彼此的差異。

練習

1為什麼想要降低對一個人的討厭，要先去聽他的生命故事、去理解他？

2你有你的「同溫層」嗎？你的同溫層裡的朋友，有哪些特質呢？

3你如何「移動」腳步，幫助自己走出同溫層？對生活周遭的人事物，有更多的看見與理解？

註5：可參考https://reurl.cc/ANZV3。

二十、面對總是「擺臭臉」的人，該怎麼辦？

——覺察自己的害怕，才能減少壞心情

幾年前，曾經有一對母子來找我談話。

母親攤開幾張孩子的圖畫，說她覺得孩子很壓抑、缺乏自信，希望我透過圖畫，了解孩子的心理議題。

我看了一下畫的內容，再看向一旁那位就讀小學三年級，低著頭不發一語的小男孩，試探性地問：「有時候如果覺得自己畫錯，或者畫得不好，你會有什麼心情？」

結果小男孩還沒回應，母親就大聲回道：「『畫錯』？繪畫沒有對或錯，我都跟我的孩子說認真畫就對了，不要去管好壞對錯！」然後臉上掛滿「這年頭怎麼還會有人認為畫畫有對錯之分」的質疑。

母親說得沒有錯，「創作」本身並沒有對錯、好壞之分。但是別忘了，每一個人都有權利對自己的表現結果，產生一些想法與感受。

孩子覺得自己畫錯了，所以覺得挫折、失望，這些情緒可能來自於對自己的期待，也可能是想要滿足家人對他的期待。無論如何，這些感受是很真實的。

可是母親卻因為被「繪畫沒有對錯之分」的價值觀侷限住，因而否定了孩子的想法與感受，不允許孩子重畫，結果孩子因此更困惑、更受挫。

在生活中，有一些人總是擺著一張臭臉，頭上好像籠罩著一團烏雲，他的回應通常沒什麼好口氣，每次當你想到要與他互動就很痛苦。

因為痛苦，我們總想要改變對方，或者避免與他互動。可是我們似乎沒有想過，是什麼因素框住了我們，以至於我們經常被困在「害怕別人臭臉」的情緒裡？

這關鍵的因素，很可能是我們文化中強調的「以和為貴」：要有禮貌、說話要客氣、待人要親切、和氣才能生財……

「以和為貴」固然是經營人際關係很正向的概念，但如果過於僵化、缺乏彈性，我們就可能被這樣的概念套牢，根深蒂固地認為撲克臉、面癱（形容沒有表情）的人、擺臭臉的人，一定是缺乏人際互動的意願，不懂得與人相處的道理，甚至是不明理、難溝通的。

這些假設本身就是一種有色眼鏡。當你戴著這種有色眼鏡，打從心裡認為對方很有事、很難相處，你又怎麼會放鬆地與他互動，欣賞他「歹看臉」以外的其他面向呢？所以，如果想要減少和「臭臉人」互動時的負面情緒，該怎麼做呢？

如何回應？心理師這麼說——

你為何如此害怕別人的臉色？

如果你很害怕別人的臉色，往往也代表著你很在意自己在別人眼中的樣子。之所以這樣，是因為我們太習慣從他人身上獲得認同，所以我們經常把評價自己的權力拱手讓給他人。別人開心、稱讚你、笑臉回應你，你就覺得自己表現得很好，覺得很高興。

看見別人擺臭臉，你就覺得很痛苦，感受不到自己的價值感。為了舒緩心裡的不舒服，你就會想方設法，甚至不惜放低身段去討好對方。

或許你的努力可以換來對方一時的好臉色，不舒服的感覺也能緩解一些，但那只是暫時的。也因為你經常用委屈自己的方式來討好別人，其實你的心裡並不好受，所以你對這段關係，也可能累積許多抱怨。

用這種方式生活的你，當然會因為別人的壞臉色、壞口氣而感到痛苦。**只要看到別人的壞臉色，你就自動化地提醒自己：我是一個不好的人。**所以在臭臉人的面前，你很難獲得正向的價值感。

不切實際的擔心

有些人與臭臉人互動時會擔心：是不是自己哪裡做得不好？做錯了什麼？對方是不是針對我？雖然擔心，可是你卻不敢問。因為你又擔心對方會覺得你反應過度；或者擔心對方真的說出一串你的缺失，那樣一來，你又擔心自己覺得難堪、難以承受……

這些沒完沒了的擔心，往往是來自於童年時期與父母或老師互動的經驗。

小時候，大人因為不滿意你的表現，所以對你生氣、冷淡，轉身離開，拋下你，你因而感到慌張害怕、自責愧疚。那時候的你，不敢向大人生氣，只好忍耐、壓抑，並且努力表現出符合大人期待的行為。但是**你只學會了壓抑與委屈，卻沒有學會如何表達情**

緒、如何與對方溝通。

如果你發現自己並沒有做錯什麼，也真的很想知道對方到底怎麼了，那麼就鼓起勇氣，直接了當地問對方吧。

「我發現每次拿東西給你的時候，你的臉色都不是很好看，怎麼了嗎？或者是不是我哪邊做得不太好？」

「幾次跟你討論事情，你的口氣不是很溫和，是不是我有哪裡沒有弄清楚？還是我誤會了什麼？」

當你這麼問的時候，也在提醒對方的態度。對方可能認為他一直都是這樣，而不是針對你；也或許他並沒有發現自己的行為，更沒有傷害你的意思。

對方也可能選擇不說，或者否認，但至少你把自己的感受說出來了，不會繼續悶在心裡；當然，對方也可能真的說出一些對你的負面情緒，那樣更好。你們有機會好好澄清，進而調整彼此的互動模式，改善關係。

破除「必須」的信念

人為什麼不能擺臭臉？為什麼擺臭臉就等於沒禮貌、難相處？

說得更直接一點：為什麼對方一定要對你展現友善的姿態？如果他真的不太開心、壓力很大，難道沒有表達負面情緒的權利？如果他從小就習慣用這樣的姿態與人互動，為什麼他得為了你改變？

因為你認為人際互動有一些「必須」遵從的概念，但對方偏偏不吃這一套。所以困住你的其實不是對方的臭臉，而是你認為「人際互動不該擺臭臉」的信念。這個信念愈強大，你就愈難跳脫和臭臉人互動時的壞心情。

因為你對對方抱持著既定的觀點：「擺臭臉的人就是沒禮貌、難相處。」所以你會用這個假設來解讀他的所有行為。實際上他也可能有微笑、幽默的一面，但因為這些面向不符合你對他的假設，所以你可能會忽略、不去注意，或者用扭曲的方式來解讀：「他只是皮笑肉不笑，他的笑容是為了拍馬屁……」

因為你討厭臭臉人，所以用負面的態度與他相處，他感受到你的負面態度以後，也繼續對你展現臭臉的姿態。這下子，你更「確信」自己的假設：「看吧！他真的很不友善！」

依照不同關係，採取不同因應

我們都害怕直接詢問對方，因為擔心氣氛會很僵、尷尬。但是事情沒有弄清楚，你每天與他互動時，都處在擔心和困惑的心情裡，難道有比較好過嗎？

「問」不一定會搞僵氣氛，重點是要找到合適的時機、合適的詞彙，才不會讓彼此都很尷尬。

如果你珍惜彼此的關係，希望改善你們的互動，**「試著表達自己，也關心對方」的冒險，很值得你鼓起勇氣試試看。**

如果這一段關係僅止於工作上的互動，那你可以選擇維持片面和平的形式，並且提醒自己：「為了顧全工作，平常心看待那一張臭臉就好，太認真，一點好處都沒有。」

如果只是普通朋友或者網友，那你大可以選擇不要看他的臭臉，封鎖加刪除就是了。

採取新的因應策略

人際互動守則第一條：改變，從自己開始。

或許你改變了身邊某一個臭臉人，但只要你看待自己的觀點沒有改變，別人的一個眼神、一個語氣，你依舊很容易被影響。

世界何其大？你改變得了多少人？

我們永遠無法決定對方如何對待我們，但是我們可以選擇回應對方的方式。改變不了對方，那就調整自己的因應策略，才能讓自己過得比較舒服。

這裡有五個小提示，讓讀者參考：

1. **不要在情緒緊繃、氣氛緊張的時候與對方互動**（還記得「情緒水缸」嗎？）。
2. **互動前，先想好要說的話**，避免因為負面情緒攪亂了原定的溝通。
3. **互動前先提醒自己：解決事情才是重點**，而不是在意他的臉色。
4. **互動後也提醒自己：擺臭臉是他的習慣，跟你的表現或許沒有相關。**
5. 尊重每一個人都有表達自己情緒的方式，但你**可以選擇不要把他散發出來的情緒往自己心裡去。**

這麼做，不是因為你害怕對方、向對方示弱，或者委屈自己。你只是開始練習新的心態和行動，避免因為對方的壞臉色、壞口氣，影響了心情。

練習

1別人的壞臉色、壞語氣，之所以讓我們不舒服，除了不被尊重，還有什麼原因？

2如果可以將身邊的每一段關係稍做分類，有沒有哪幾個對象擺臭臉時，其實你根本不需要花太多力氣去在意？

3這一章提到與臭臉人互動的五個小提示，你能說出分別是什麼嗎？

不過，我們要對「改變」有更新的理解：我們練習改變自己，不是為了改變對方，要求對方也做出等同的改變，而是在既有的環境底下、在自己能夠接受的範圍內，藉由調整自己的行為，讓自己可以在這一段關係中，覺得更舒服、更自在。

「改變，必須從自己開始。」
你沒有辦法控制別人的行動，
但是你能夠決定自己要如何回
應對方。

二十一、面對總是「講不聽」的人，該怎麼辦？

——從「心」著手，讓你的建議更容易被接受

導師室裡，六年乙班的導師阿忠焦躁地拿起電話聽筒、放下、拿起、又放下……隔壁的老師忍不住問：「阿忠，你是在做復健？還是進行什麼儀式？」

阿忠嘆氣：「等一下我們班小智的爸媽要來找我，聽學務主任說他們很難搞，要我多保重……」

怎料「小智的爸媽」五個字才剛說出口，整間辦公室瞬間像是被雷擊中，所有人面面相覷。

「他們真的很難搞。」曾經是小智三年級的導師說：「有一次，我好心分享教養技

巧，他們卻嗆我：『你那麼會教，不然你帶回去教。』」

擔任過小智四年級的導師則說：「他們來學校的目的，大概就是拿老師出氣吧？除了謾罵以外，根本沒有想要溝通。」

「跟他們談話是浪費生命、浪費口水……」小智五年級的導師說。

聽完這些慘痛的經驗，阿忠看向還沒發難的另一位導師身上，他是小智低年級的導師。他眼神空洞地說：「不要問我，我不想回想起那段日子……」

阿忠百思千想，就是想不通：「小智明明就有狀況，家長三天兩頭就得來學校收爛攤子，他們難道不累嗎？為什麼不願意接受老師們的建議？」「是家長太固執？還是老師的溝通方式有問題？」「如何談話比較有效？」眼看著約定的時間愈來愈近，內心的焦慮指數也快要破表……

如何回應？心理師這麼說——

想要幫導師阿忠的忙，我們得先思考一個普遍的現象：「為何人們總是難以接受別人的建議？」

為了避免「認知失調」

社會心理學家費斯汀格（Festinger，一九五七年提出）發現，**當人們接受到的訊息與他對自己的看法不符合時，就會產生不舒服的感受，他將這現象稱為「認知失調」**。也就是當別人對你的看法、評價，或者事情發展的結果，與你對自己的期待、投入的努力有所落差時，內心會產生懷疑、困惑、不舒服，甚至是生氣的感受。

舉例來說，人們通常認為自己是講道理的，因此如果有人抨擊你是蠻橫的恐龍家長、刁鑽的奧客，你很可能會覺得困惑，或者生氣。因為這些訊息撼動了你的自我形象：「難道我過往對自己的認識是錯的？」

如果你覺得自己很聰明，對理財很有一套，結果有個人舉出許多實例，指出你浪費了不必要的金錢與時間，投資報酬率還低得可笑。你也會覺得很不舒服，甚至極力否認。因為若你同意他的說法，那就代表你的理財之道根本不如自以為的精明、有效。

藉由認知失調理論，我們可以試著從對方的角度理解：「如果家長一開始就認為你講的方式都是對的，**是否也等於承認他們用的方式都是錯的，他們不是稱職的父母？孩子的問題行為，也是因為他們的失職而起？」**

或許你還是會這樣想：「就是因為他們的教養失敗，孩子才會問題重重。」「你看看他們那種對老師講話的德行，孩子態度會客氣，才有鬼！」

我無法反駁這種說法，畢竟家長的身教與言教的確影響孩子甚遠。但別忘了我們眼前有一個更重要的目標：取得父母的信任與合作，聯手改善學生的問題。所以，請把這些抗議放在心裡，或者留在眾聲喧譁的辦公室就好。

進入談話的現場，我們需要另一套更有效的「談判」技巧。

「給予建議」的四步驟

1. 暖化心牆：讓對方感受到被理解

想取得合作，「建立溫暖與正向的關係」絕對是首要之舉，尤其是與你立場不同的對象。與其急著說教，否定對方，倒不如先透過同理，讓對方感受到你理解他的辛苦與好意，這麼一來也會軟化對方的敵意和防備。簡而言之，**想說服他人，就要先讓對方感受到你理解，並支持他。**

這階段的困難在於，當你已經為對方的行為貼上負面標籤時，在你的心裡就很難再騰出一些空間，用比較客觀的態度來看待，理解對方的行為。

2.給予支持：肯定對方曾經付出的努力

我們經常以為對方什麼都沒做，或者做的都是荒謬的、無效的事情……但是這種想法或許並不正確。

我深信，為了解決問題，活得更好，人們一定都做了某些努力，只是這些努力可能方向不被社會大眾所認同，或者努力的程度，還不足以讓成果顯現出來。

如果步驟1、2是發自內心地想要鼓勵對方，一般而言，對方的情緒與防衛多少會軟化一些，但有時候步驟1、2需要重複多次，才能讓對方長出合作的意願。

3.正視問題：引導對方，探索行動的成效

在這個階段，我們要引導對方檢視：「他所堅持的想法與行為，是否有助於解決問題？」

我們要陪伴對方探索：他的想法和策略，對於解決問題的成效如何，有效的方法值得保留下來，繼續使用，也鼓勵他停止無助於解決問題的行動，並且嘗試採取新的策略。

在這個階段，**重點是引導對方正視自己的想法與策略，對問題帶來哪些影響，而不是去評價、指責對方。**即使一個人的行動無法解決問題，也不代表他是沒有付出的。

	1.暖化心牆	2.給予支持	3.正視問題	4.同心協力
情境一：管教過當的家長	我知道你都是為了孩子好。	你曾經試過好幾種方式來教孩子，甚至多次請假來學校幫孩子處理事情。	當你打他、丟掉他的東西時，孩子是否有變成你期待的樣子嗎？	我們都是為了孩子好，才在這裡討論的。我這裡有一些教養青少年的方法，你或許可以參考看看……
情境二：充滿控制的伴侶	你真的很愛你的另一半。	你一直都這麼為對方著想、為對方付出。	你直接做了決定，你有注意到他的反應嗎？你們的關係因此變得更親密？還是更多衝突？	我們都是為了讓你們的關係更好，才會在這裡討論。關於親密關係的經營，我知道有一些技巧，你願意聽聽看嗎？
情境三：有暴力行為的家長	要扛起一家的經濟，真的很不容易。	為了這個家，你犧牲了許多自己的喜好與願望，也努力壓抑許多情緒。	可是忍耐久了，情緒就會爆炸。當你情緒爆炸以後，你覺得家人有因此感受到你原本的努力，以及想帶給他們的幸福嗎？	我們都愛家人，但有時候沒有把自己的情緒、心裡話說出來，家人可能無法理解我們。我試過一些方法，讓家人更了解我們，效果還不錯，你願意聽聽看嗎？

如果對方後來發現他的想法或行為真的無助於解決問題，自始至終，你不但沒有責備他，還真誠地同理他的辛苦和挫折。在這種氛圍下，對方也很難有理由持續對你惡言相向。

4.同心協力：提供具體可行的策略

終於來到給建議的階段了。在此階段，我們要耐住性子，重複第一個步驟：**肯定對方正向的意圖，並且表達我們與他一致的共識。**接下來向對方說明，為了達到這個共識，你也有一些策略，想要邀請他聽聽看，並且讓他參考參考。

在說出建議之前，我用「聽聽看」與「參考參考」嘗試放低我的身段，目的不只是要他接受我的建議，而是讓他減少被批判、被指責的感受，也讓他覺得自己有權利決定，是否接受別人的建議。

非不得已，不輕易給建議

如果你能理解認知失調論，就知道為什麼人們不喜歡接受建議。

因為當一個人接受建議時，同時也代表自己是不夠好的、能力不足的。所以，除非對方表達想要改變的意願，甚至主動要求你分享意見與經驗，這時候給予適當的建議，效果才會比較明顯。

因此，若你的目的是想鼓勵對方，讓對方長出自信與勇氣，「給建議」絕對不是一個好方法。因為你正在告訴他：「你是無知的、無能的，聽我的就對了。」如果你的角色擁有相對強勢的權力（例如：主管、父母、老師），而你又運用這種權力，讓對方不得不遵從你的建議，那對他的自信心又是更大的傷害！

因為，你的善意可能會讓對方覺得：「我真的很沒用，連想要反駁都不敢。」

尊重對方的意願

這一章的技巧，稱得上是這一本書最困難的練習。想要軟化一個人的防衛與抗拒，接受自己的不足，並且聽進你的勸告，是一件非常不容易的任務。

無論你認為自己的建議多麼真切誠懇、完美無瑕，都**請記得：「你可以決定要不要給建議，別人也有權利選擇是否接受。」**如果你給出建議，也請尊重對方的反應，避免斥責對方沒有接受你的好意。

經營人際關係是一段長期的過程，即使對方沒有接受你的建議，但你在這過程中，表達出願意理解對方的善意，雖然給建議，但也尊重對方的選擇，會讓他在跟你互動的過程中感受到自己是有價值、被你尊重的。而**這些正向的感受，都會讓對方更願意靠近你，提升與你合作的意願**。

從短期效果來看，他或許沒有立刻接受你的建議，但從長期效果來看，你們將會逐漸建立起信任的氛圍。而這種氛圍，才是讓人願意真心接受你的想法，與你合作的關係。

練習

1為什麼人們不太容易接受別人給的建議？

2一位國中二年級的學生，每天都認真算數學習題，但月考經常都不及格。他自己很挫折，身為父母的你，請使用本章的技巧，將答案填入格子裡。

1.暖化心牆	2.給予支持	3.正視問題	4.同心協力

3 一位新進員工花了好多時間，努力整理同事交接的事項，卻總是無法弄清楚業務內容。身為過來人的你，深諳這種辛苦，想要出手相助。請使用本章的技巧，將答案填入格子裡。

1.暖化心牆	2.給予支持	3.正視問題	4.同心協力

二十二、面對總是「愛批評」的人，該怎麼辦？

——打造合適的網子，過濾無謂的批評

如果「鼓勵」是陪伴他人走向光明的力量，那麼「批評」往往是把人推入黑暗的行為。

你或許有些質疑：「被人批評，才知道自己哪裡做得不好，才知道要改進，不是嗎？」

在我們的文化底下長大，會有這樣的想法，也是難免的。

不過，請你仔細回想：「有哪一次被批評的經驗是美好而值得懷念的？」是當你考試成績不如預期被批評的時候？當你被同事或朋友欺負，回家又被家人冷嘲熱諷的時候？還是當你努力學習一樣新的東西，卻經常被挑三揀四的時候？

「這一盆花是誰插的？配色好像比較單調了一些。」

「謝謝你幫我倒水，不過怎麼沒有倒熱一點的呢？」

「你寫在臉書的文章有點負面，應該要再正向一點。」

「願意主動幫忙洗碗是好事，但最好能夠持之以恆。」

「你對別人這麼友善，怎麼沒有分一點耐心給家人？」

「你最近烹飪是有改善，但我覺得你還有進步空間。」

「你姊姊在校成績不錯，你若有她的一半認真就好。」

你的周遭有沒有這種人？從他口中說出來的批評，就像海浪那樣一波一波，從不間斷。

若是平輩也就算了，如果對方是長輩或長官，一旦你出言反駁，對方很可能會順便訓話：「我都是為了你好，才會苦口婆心。」說完後，不忘翻個白眼，再補一槍：「你們這些年輕人，要懂得虛心接受長輩提醒你們的道理。」

聽到這裡，你感覺到腸胃開始翻攪，一股怒氣逐漸升起。

為了避免衝突，你刻意深呼吸，把緊握的拳頭擺在背後，用力按捺住蠢蠢欲動的憤怒。沒想到對方還不放過你：「這樣說不得了嗎？就是為你好，我才會提醒你。」「換作是別人，我還懶得理他呢！」

面對連番砲轟的批評，即使你的表面故作鎮定，內心的火山大概也已經噴發到難以收拾的地步了。

批評就是批評，是一種不折不扣的傷害。過往那種「打是情，罵是愛」、**「批評你是因為愛你」說穿了，只是包裝著攻擊的糖衣而已。**

如何回應？心理師這麼説——

批評為何令人抓狂？

喜歡批評的人，視線所及之處，皆是負面事物。因為他戴了一副「專門找問題」的眼鏡，以至於映入他眼簾的人、事、物，通通都變成了「有問題」的景象。

想想看，無論你做什麼（甚至什麼都沒做）都被看成是有問題的，一定會覺得很受挫、很氣餒，久而久之，就會很害怕與這種人相處，因為從他們的身上，你永遠只會覺得自己是一個沒有用、沒價值的人。到後來，只要看到他遠遠走過來，你可能就會想要趕緊閃人。

如果你發現自己身上也有這種慣性批評別人的傾向，而且又想脫離邊緣人的角色，那麼請你務必要努力調整這種對人際關係充滿傷害的行為。

如果你很害怕面對別人的批評，請放心，接下來，我們就來談談如何面對愛批評的人。

因為在意，所以受傷

批評本身就是一種攻擊，即使那些批評他人的人內在真的存有一些好意或關心，但批評他人的行為，依舊會對他人造成傷害。

即使知道這種行為是不對的，為何我們還是覺得受傷？因為我們很在乎自己在他人眼中的樣子，也就是我們很在意「別人如何看待我們」。

人們對自己的認識來自兩種主要的管道。

在生命早期，認知能力還不夠成熟時，我們透過身邊同儕、大人的評語來認識自己；漸漸長大以後，透過內在的覺察、省思，我們也會產生對自己的看法。經過長時間的醞釀，我們藉由這兩種管道逐漸建構出對自己的認識與評價。

正因為「別人的評語」是認識自己的主要來源之一，加上我們又生活在講求團體群居的社會中，所以真的很難不去在意別人的眼光。適度參考別人的說法是有必要的，那可以幫助自己了解別人看待我們的觀點，有時候，也能適時修正我們身上一些不適當的行為與態度。

可是，如果我們全然憑藉著他人的評價來看待自己，就等於把評價自我的權利，全盤交託到他人手上。

試想：你是不是夠努力、夠勇敢、夠體貼、夠熱心……都是由別人說了算，這也太沒道理了吧！

量身打造合適的過濾網

縫隙太大的網子捕不到魚，會讓你餓肚子；縫隙太小的網子，又可能把小小的魚、蝦捕撈一空，破壞生態平衡。面對他人的批評，也是如此，完全充耳不聞，很可能會錯失一些調整自己的良機；但一字一句全都聽進去，也會讓情緒充滿負擔。為了自己的健康，我們必須打造一張縫隙大小適中的網子，幫忙篩選他人的評價。

這意味著你不能一如過往，天真地期待別人從毒舌變成甜嘴。你必須主動學習為自己做兩件事：**一是練習評估他人的批評；二是覺察自己因應他人批評的模式。**

重新評估來自他人的批評

無論對方是否是情緒化的人、有沒有故意針對你，那都是對方的事情，你無須為他找藉口，也不用去評估他的狀態。**你只需要為自己篩選：這個批評，我需要認真看待嗎？有沒有值得自己思考、反省的部分？**

要怎麼練習這種功力呢？讓我們用聽流行歌曲的經驗來做比喻。

一個人在批評的時候，臉上的表情、語氣、肢體動作，都像是一種旋律；而他說話的音量，則是播放音樂的音量；至於批評的內容，本身就像是歌詞。雖然歌詞很重要，但旋律和音量也都是影響聽眾情緒和感受的重要元素。

所以，如果你想評估某些批評對你是否有值得反思的價值，請試著用以下的步驟練習：

1. **寫下來**：寫在紙上，盡可能以對方所說過的內容、用字遣詞來做記錄，不要添加你自己的情緒和用詞。
2. **刪除**：刪除那些難聽、汙衊、充滿人身攻擊的字眼。
3. **檢視重點**：在剩下的內容裡，有沒有的確是你沒做好的部分？有沒有你需要調整的部分？

4. **調整或拋棄**：如果有值得調整的部分，就想辦法去調整；如果沒有，那就把這張紙揉成一團丟掉，或者找一個安全的地方燒掉也行。

這個練習有兩個目的：**第一，幫助自己更客觀地看待他人的批評**，因為他人的表情、語氣、音調、音量、肢體動作，都會影響我們的情緒，讓我們無法客觀擷取話語裡的重點。透過書寫，像是幫我們重新找回內容，但是又同時將事件調成靜音，減少內心的不舒服。

第二，是心理學提到的「減敏感」：同一款美食吃久了，新鮮感會下降；同一件事情經歷幾次，情緒的起伏，也會減少一些。透過重複接觸同一件事情，減少這件事情對你帶來的情緒強度。經常做這個練習，你就愈能理性面對原本會引發你負面情緒的批評，降低情緒失控的機率。

持續練習，內心更堅韌

一開始要做這個練習，對許多人而言，可能是內心充滿挑戰的。倒不是因為練習本身很困難，而是因為要去回顧令自己不太舒服的情境，往往會讓人想要打退堂鼓，但你既然想要有所改變，請鼓起勇氣，練習看看！

在練習的過程中，你將會逐漸降低批評帶來的恐懼和不適。不舒服的感覺難免還是會有，但不至於像以往那樣對你造成太大的衝擊。這就像是你第一次看某部鬼片時，會覺得很可怕，但如果多看幾次，害怕的感覺，肯定會降低許多。

其次，透過認知層次的篩選練習，未來當你面對別人的批評時，比較能夠篩選掉那些不必要的情緒字眼，加速判斷這當中有沒有需要接收的部分。

如果有，就試著調整；如果沒有，那就當成耳邊風吧。

覺察自己對批評的因應模式

這本書閱讀到這裡，相信你一定很清楚我的風格：**不需要為別人的行為找藉口，但也不要期待別人先改變。**縱使有些人習慣說話時夾雜批評，但我們還是得把力氣放回自己身上。

情緒與感受來得很快，往往事件才發生，腦袋都還來不及運轉，你就會感受到害怕、氣憤、擔心等等。所以，如果想要降低被批評影響的情緒，我們就得回到認知的層次，問問自己：是什麼讓我們對別人的批評如此在意？我們看待批評的態度，如何影響了自己的情緒？

如果你總是很在意自己不完美的樣子，在意別人對你的看法，請參考本書第三章〈「喜歡自己」是擺脫邊緣人的第一步〉，幫助你自己跳脫這種困境。

如果面對批評，你總是不知道該如何適當地回應，請參考下一章〈面對很愛『聊八卦』的人，該怎麼辦？〉裡的回應策略。

練習

1為何批評令人抓狂?令人受傷?

2面對批評，你可以往哪兩個方向練習?

3這裡有幾句批評的語言，請依照本章提到的四個步驟，練習評估與篩選。這裡沒有標準答案，你可以依據自己的觀點來回答，甚至也可以針對「範例」，舉出不同的回應：

二十二、面對總是「愛批評」的人，該怎麼辦？

	1. 寫下來	2. 刪除無謂的謾罵	3. 檢視重點	4. 調整或拋棄
範例	已經檢查了幾萬遍，結果還有錯字！你是豬嗎？笨死了！	幾萬遍、豬、笨死了。	有些細節重複檢視後，我還是出錯。	確認最近的工作狀態，提醒自己多注意細節。
範例	三歲的孩子隨便煮都比你煮得要死要活還好吃。	隨便煮、要死要活。	1.食材有無變質？ 2.調味有無失常？ 3.個人口味不同？	1.注意食材新鮮。 2.小心調味。 3.聽聽就算了。
1	都畢業幾年了？還找不到穩定的工作？真的很沒用。			
2	別人念一遍就考滿分，你有補習，結果考這種鳥分數？書讀到屁股去了嗎？			
3	就因為你是恐龍家長，又固執、又不聽我說話，孩子才會發生這麼大的事情！			
4	什麼？你幾歲了？怎麼還用這種幼稚的語氣跟你爸媽說話？			

二十三、面對很愛「聊八卦」的人，該怎麼辦？

——不卑不亢，幫助你全身而退

已經有好一段時間，踏進辦公室成了阿宏充滿壓力的苦差事。壓力來源不是因為工作內容或薪資待遇，更不是因為遭受職場霸凌。事實上，阿宏的人緣還不錯，與同事也都能和睦相處。讓他覺得不舒服的，是辦公室很喜歡聊同事之間的八卦。

他從小就不善應對人際之間隱晦的互動，也不喜歡道人長短，所以總是拒絕加入說壞話、聊八卦的行列。大家在背後幫他取了一個「公道伯」的綽號：諷刺他「自命清高，不同流合汙」，並且紛紛遠離他。

好不容易撐過求學生涯，沒想到進入職場之後，「八卦」依舊無所不在。

「雖然很痛苦，但總不能一直這樣下去吧？」阿宏心想。為了避免重蹈求學階段的人際慘況，他下定決心調整自己的風格。

有一次，幾位同事又在他桌邊聊主管的八卦：「欸，你知道嗎？我們主管和太太已經分房了……」「不是才新婚沒多久？怎麼會這樣？」「聽說主管跟他前女友藕斷絲連。他老婆好像都知情，但礙於面子……」

「阿宏，身為一個男人，你覺得這種行為能夠被原諒嗎？」同事小惠突然轉頭問，這一問，同事都紛紛看向阿宏。

對於這種不擅長面對的情境，已經下定決心要「改變」的阿宏，振振有詞道：「我覺得男人應該要愛妻顧家，既然有了家庭，就必須潔身自愛、不要在外面拈花惹草。」

大概是沒料到阿宏會說出這些話，同事們聽了，紛紛發出驚呼，像是歡迎又一名生力軍加入行列。阿宏鬆了一口氣，覺得同事的反應讓他經驗到不同於以往那種被他人排擠的感受。

幾天後的某一個早上，主管臉色凝重地走進辦公室，把手機往阿宏桌上重重一摔，大聲質問：「你告訴我，這什麼意思？」阿宏詫異地看著手機螢幕，那是LINE的對話截圖，畫面上寫著：「阿宏說，身為一個堂堂的男人，到處拈花惹草真是低級，這種人竟然也配當主管？」

看著手機畫面，阿宏羞愧得無地自容，根本抬不起頭看主管。他感到一陣暈眩：多年來盡量避免與人談八卦，為的就是避免被捲入這種無謂的紛爭裡，沒想到為了建立人際關係才說的那些話，竟然被傳了出去，而且還被加油添醋、扭曲變形……

主管轉身離去後，阿宏在座位上愣了好久。他的內心既羞愧又後悔。前幾天那些圍在桌邊聊八卦的同事，此時似乎也離他遠遠的……

如何回應？心理師這麼說——

為何人們喜歡聊八卦？

前面提過，人們在剛認識、不熟的時候，為了避免尷尬，會透過封閉式問句來問對方一些簡單的問題，藉以打破沉默，建立人際關係。而聊八卦，也有類似緩和氣氛，達到活絡氛圍的效果。為什麼呢？

「談話」是人際主要互動的方式之一，談話需要素材（也就是話題），如果關係不夠熟，話題聚焦在自己或對方身上都有些尷尬，所以比較放鬆的話題就是聊別人。當然，即使是聊別人，也未必要聊隱私或曖昧的話題，但是當人們提及這一類八卦話題時，通常情緒上會比較緊張、興奮，比起聊一些日常生活的正經事來得有趣；而且當對方願意接住你的八卦話題，與你一起討論時，你會感覺到自己的行為被接納，從而建立一種信任的感受。

但是，這種「信任」是很脆弱的。

雖然聊八卦、談是非，有時候令人覺得放鬆（也很療癒），但如果你們的關係僅止於聊這些事情，有一天當八卦聊完，還來不及更新，你就會感覺到彼此的關係其實很空洞。

因為你們從未好好地關心對方、理解彼此，你們的焦點都在別人身上，互動也充滿負向的批評和嘲諷，而這也意味著你們一直都沒有建立起真正信任、關懷的關係。

聊八卦的人，都是大嘴巴嗎？

你以為所有愛聊八卦的人都是品德不佳、喜歡中傷他人的人嗎？事實未必如此。

團體互動中經常會出現「從眾」（conformity）現象，意思是在一個團體裡，個人因為他人的影響（無論這個影響是真實的，或主觀想像的）而改變自己的行為。

如果你仔細觀察，就會發現有一陣子青少年們的長褲像是集體縮水；有一陣子，年輕人頭髮都會染成同一種顏色；有些辦公室在下午會集體訂飲料；有些人會跟著好友們買同樣款式的服飾、鞋包……

從眾現象不只是「人云亦云」——別人做什麼，你就跟著做什麼，你還得承受著「如果不跟著做，別人會怎麼看待你」的壓力。基於這種「團體壓力」，若身邊的人都做同一件事情時，而你卻沒有跟著做，你很可能會感受到他人異樣的眼光。

前面提到阿宏因為不加入討論，被同學貼上「自命清高」的標籤，就是如此。有些人因為懼怕團體壓力，不自覺地就會表現出團體所期待的行為。

假的！不要太認真

可別以為同事們真的都是樂在其中。有些人雖然看起來熱烈地討論八卦，事實上他們可能只是「**公開順從**」：也就是**表面上看起來順著團體的方向行動，實際上並未真的認同團體的行為**，私底下也不見得會再去聊這些八卦。就像你在對方臉書上的某些貼文按讚，不代表你真的認同他，很可能只是礙於交情或某些壓力所做出的客套表態。

因此，若你太認真參與討論，難保哪一天會像阿宏「公親變事主」，莫名其妙地從旁觀者變成加害者。但是，如果你完全拒絕參與，又可能會讓同事覺得你很難靠近，與大家格格不入，著實是令人進退兩難的情境。

面對同事邀約討論八卦，其實你可以有簡單又有效的因應技巧，避免讓自己陷入阿宏的窘境。

態度認真，回應簡短

在這裡，我們要運用的態度就是前面提到的「公開順從」。

記得，人際互動最重要的就是態度要認真、誠懇，即使你已經打定主意不蹚這灘渾水，但表面工夫還是得稍微做一下。你只需要「看起來」很認真地聆聽，並且偶爾回應類似「喔？是喔？真的嗎？嗯嗯、對耶、好像是……」之類的「發語詞」，讓別人覺得你有在聽，也有參與，這樣就好。

簡單來講就是：**表面上看起來參與團體的行動，事實上，只是被動參與、消極附和，而且你所回應的語言，盡可能避免涉及對八卦內容的價值判斷。**

避免表達價值判斷

阿宏犯的錯誤在於對當事者加以評論。**想要避免無謂的誤會，絕對不要在公開場合對八卦話題裡的人或事情，做出是非對錯的評斷。**你當然可以擁有對這些事情的評價，但避免在公開場合表態，減少被誤解的機會。

嘴巴長在他人身上，你永遠不知道經過各方的傳話之後，你的本意會被扭曲成什麼樣貌。

避免開啟新話題

你無法停止他人聊八卦的行為，但可以選擇停止讓八卦從你身上繼續蔓延。不要追問八卦的細節，例如：「事情後來的發展呢？」「還有誰也有類似的八卦？」「是否還有其他內幕？」這種行為一方面會讓你被誤以為是製造八卦的共犯，一方面會讓別人覺得你對八卦很好奇、很熱中。

聊八卦或許會讓你與別人擁有共同的話題，表面上，人際關係好像很熱絡。但是說真的，誰喜歡成為你口中那些八卦話題的主角？如果不想成為被你談論的八卦主角，最保險的方式是什麼？

是的，就是遠離你。

「不知道」才是最安全的回應

如果同事覺察到你的「敷衍」，決心不放過你，非得要你說些什麼，而你在那當下也真的找不到什麼理由能夠脫身，這時候就得使用「不知道」的裝傻技巧了。

正所謂「一個巴掌拍不響」，一個話題要能形成，也要有能夠聊得來的人才行。當你使用「不知道」的技巧時，傳達給對方的訊息是：「我有意願和你們聊天，但對八卦就是聊不來。」

如果對方講了一大堆，你卻總是不知情，久而久之，他們就不會自討沒趣，並且把你從聊八卦的名單裡剔除。

在這裡，幫讀者列出一些「不知道」的句子，同時也說明這些句子傳遞給對方的訊息：

「不知道」的回應	傳遞給對方的訊息
是喔？竟然有這種事？	我連發生這件事情都不知道。
啊？怎麼會這樣？	我根本不知道事件的內容。
真的？我還是聽你說才知道呢。	我完全沒接觸到這件事。
我不太清楚該說什麼才好。	我無法回應這件事情。
我不知道欸，那你的想法如何？	把回答問題的責任，轉回對方的身上。

討厭聊八卦，不等於要遠離聊八卦的同事

在八卦的世界裡，多講一句話都是風險。能簡短回應就簡短回應，能說不知道，就盡可能少發表你的價值與想法。不過，你不喜歡這類話題，不等於要去討厭聊這些話題的人。他們只是討論八卦的人，但不等於是壞人。

你還是可以與他們互動，不必刻意讓自己顯得好像是某些話題的絕緣體。面對八卦，你無須表現出噤聲不語、棄之如敝屣。**你的態度可以是被動參與的，行為則是消極回應、充滿不知道的。**

面對八卦，最高招的態度是：「不是不聊，而是聊不來；表面上，看起來似乎有參與，但說的都是無關緊要的話。」

練習

1為什麼人們喜歡聊八卦？

2太投入在八卦的討論，可能會對你的人際關係帶來哪些負面影響？

3面對辦公室的八卦，可以用哪些技巧因應？

4關於「不知道」的回應句子，你還想到哪些？（蒐集愈多愈好）

二十四、面對總是「太超過」的人，該怎麼辦？

——懂得拒絕，才能讓自己更自在

那一天演講結束後，我還在講台整理東西。就讀大三的曉芬來到一旁，用細小的音量問：「老師，我可以問你一個問題嗎？」

「嗯，我有十分鐘。如果你覺得時間ＯＫ的話，請說。」我看了手錶，估計從學校到高鐵站的時間。

「老師，我不太敢拒絕別人，該怎麼辦？」曉芬的表情堆滿了困擾。

嗯，這真是個好問題。

「不敢拒絕別人」充斥在我們的文化當中，即使隨著年紀增長，這款「症頭」也未必有所緩解。由於每個人不敢拒絕別人的原因不盡相同，所以我想聽聽曉芬的「不敢」是因為什麼。

曉芬說，她發現自己的人際關係只是一種「給予」，周圍的人好像都只是想從她的身上獲得些什麼。舉凡超商的點數貼紙、要她去冷門的講座湊人數、邀請她捐款給沒錢舉辦成果展的不知名社團、跟她借摩托車去聯誼（但沒有邀請她）……

「你喜歡做這些事情嗎？」我問。

「剛開始還好，但是愈來愈不喜歡。」曉芬說。

「那你有試著拒絕嗎？」

曉芬搖搖頭，眼眶有些泛淚。

「怎麼啦？」我覺得眼淚的背後應該有一些故事。

「我怕如果拒絕了，就沒有人會理我了……」曉芬說。眼眶的淚水沿著臉頰滑落。

「所以你很想要有朋友。為了交朋友，你學會犧牲自己來和別人保持連結？」

曉芬點點頭。

「可是愈是這麼做，你就愈不喜歡這樣的自己？」我遞了一張面紙給她。

「謝謝你願意告訴我你的辛苦，還有內心的情緒。」我停了兩秒，然後問：「如果剛剛我拒絕你問問題，你會不會生我的氣？」

對於這突如其來的問題，曉芬有些詫異地看著我，然後搖搖頭。

「為什麼不生氣？因為你不敢對講師生氣嗎？」

「不是啦！」曉芬笑了一下：「因為你剛有開放提問啊，是我自己那時候不敢問的，而且我知道你好像要趕去搭車……」

「喔～所以你知道我拒絕你是有原因的，而不是不想理你。」

曉芬又點點頭。

「那麼，你的朋友知道你其實很委屈，有些事情你並不喜歡幫忙嗎？」

她愣了一下，表示從來沒有思考過這件事。

你也是不敢拒絕別人的人嗎？如果曉芬的「不敢」是擔心失去朋友，那你的「不敢」，是因為擔心什麼呢？

如何回應？心理師這麼說——

對於被遺棄的害怕

之所以害怕被遺棄，或許是因為從小我們就生活在交換條件的環境中。

◆如果你表現好，我就帶你去逛夜市。
◆如果你像哥哥考試拿第一名，就可以擁有自己的房間。
◆如果你聽我們的意見選科系，我們就停止對你冷戰。
◆如果你為這個家犧牲，我們就肯定你是一個好女人。
◆你要結婚、生子，才是父母眼裡有擔當、孝順的孩子。

我們的「愛」被設下一道道關卡，好像非得觸及跑道盡頭的那一條終點線，否則無法獲得他人對你的愛。可是有些人無論如何努力，就是達不到別人的期待，難道他就不值得被愛嗎？

這種**因為害怕達不到別人的期待而被拋棄的恐懼，在成長的過程中，如影隨形地跟著我們，常駐在內心的某個角落。**

有些人終其一生追求成就，用力討好他人，只是為了獲得他人的認同；有些人因為深信不管怎麼努力都無法獲得他人的愛，於是乾脆放棄努力，避免讓自己更失落、更受傷。

不幫助別人，就找不到價值感

「幫助別人」是很重要的人際互動，透過幫助別人，可以讓我們覺得自己有能力，也被他人喜歡。但前提是我們心甘情願，以及能力所及，而不是委屈、犧牲自己去滿足別人的需求與期待。

如果一個人的價值全然建立在「讓別人滿意，自己才有價值」的基礎上，就等於告訴自己：「你本身是沒有價值的，唯有讓別人滿意，你才有存在的意義。」這麼一來，當別人的要求太超過，侵犯你的界線時，你當然也不敢出言拒絕，出手抵抗。

我在《別讓負面情緒綁架你》（寶瓶出版）裡曾經提到，**處在「藉由犧牲自己來獲取價值感」這種充滿交換條件的關係裡，到後來會找不到自己真正的價值感**，因為你的身上背滿了別人交付的任務，你的生活就是忙著幫別人解決問題而已。

人生就來世界這麼一遭，你怎麼忍心把自己的生命拿來委屈自己，成全別人呢？

設定底線，自我保護

面對他人的要求，如果你的腦海只有「答應」或「拒絕」，這種思考太缺乏彈性，會讓你的回應變得很侷限。

「答應」與「拒絕」不該只是兩個截然劃分的端點，這中間可以細分出許許多多的小點，從而形成一條充滿彈性的線段。

面對他人的要求，你可以開始學習這種思考模式：

◆我可以幫忙哪些部分？

◆我可以幫到何種程度？

◆如果要幫忙，這件事要放在待辦事項的第幾順位？

◆讓對方知道我的狀況。他若能接受，我就幫忙；他若無法接受，那我也愛莫能助。

我把這種模式稱為**「有限度的幫忙」：依據你的能力和意願來設定你能協助的範圍，讓別人知道你的情況、能力限制，也才不會讓你經常覺得被冒犯、被剝奪。**

面對突然來問問題的曉芬，我的態度就是「有限度的幫忙」。

我先說明「只有十分鐘的時間」，如果對方能接受，我很願意與她聊一聊。如果她覺得十分鐘不夠而打消念頭，那也是她的決定。即使十分鐘到了，問題還沒談完，我也可以告訴她：「時間到了，或許下次有機會，我們再聊聊。」因為這是我們在合作之前就達成的共識。

這樣的共識讓我們彼此都很自在。她知道她能運用的時間是十分鐘，所以可以選擇要提出哪些部分來討論，也可以決定說話的速度。我清楚我可以給對方十分鐘，所以不用因為擔心趕不上車子而焦慮、分心，無法好好回應曉芬的問題。

兩個步驟、兩種態度，幫助你設限

還記得〈「都可以」——到底是可以？還是不可以？〉裡提到的「三步驟，給予具體的選項」技巧嗎？讀者可以翻回第十章複習，這個技巧在人際互動中很重要，也很實用，建議你放在心上，並且經常練習。

當你想要幫助別人的時候，一定要先提醒自己提供「有限度的幫忙」。所以你可以採用這兩個步驟回應：

1. **設定選項**：讓對方知道你的限制，包括你允許的時間、範圍、空間、經濟能力等等。

2. **達成共識**：詢問對方能否接受你設定的選項？可以的話，你才提供協助。

我舉幾個例子，並且將「設定選項」的部分畫線，將「達成共識」的字體加粗，讓你更清楚這兩個步驟的具體使用方式：

◆我今天晚上七點到八點之間有空，你可以那時候用LINE問我問題。**可以嗎？**

◆我可以借你一千元，但你下週一之前必須還給我。**可以嗎？**

◆我的講師鐘點費是一小時兩千元，**如果你們能接受的話**，我有空的時間是週四上午的九點到十二點。

◆我可以出席活動，壯大聲勢，但無法贊助金錢。**如果你能接受的話**，我很樂意去幫忙。

◆你的零用錢可以自行運用，但不能買菸、酒和遊戲點數。**若你能接受**，我們再來討論一週給你多少零用錢。

除此之外，你還得具備兩種態度，才能讓「有限度的幫忙」落實得更徹底。

1. **無須解釋**

當你說出你設定的選項之後，有些人就會問：「你的收入明明就很高，為何只能借我一千元？」「你那天有什麼行程？為什麼只有七點到八點可以講電話？」「你家門口很空曠，借我擺攤，做生意，不行嗎？」

面對這種「質問」，一開始可能會有點慌亂，畢竟你不是真的無法提供更多協助，但是因為想要讓自己舒服、自在，所以設定某個範圍，結果對方卻試圖跨越這界限，希望你做更多。

記得：是否答應幫忙的決定權在你手上，要幫忙多少，也是你決定的。無須向對方解釋、更無須對對方感到抱歉。

2. 溫和、堅定

這時候，你只需要溫和而堅定地重複前面提到的兩個步驟，再次讓對方知道你「有限度的幫忙」。如果對方不斷地要求你做得更多，而你也不願意，就代表你們無法針對這件事情達成共識，這時候，你可以溫和而堅定地告訴對方：「我無法幫上你的忙，請你再想想辦法。」

學會拒絕，才能讓自己更自在

「沒有幫助到別人，需要向對方說抱歉嗎？」當然不需要。

有些人總是把「對不起」、「不好意思」、「抱歉」掛在嘴邊。但是你本來就沒有幫助對方的義務，而且是對方無法接受你「有限度的幫忙」。這種情境下，為何還要向對方道歉呢？

當你無意識地向對方道歉時，心裡也會有些愧疚：「沒有幫上對方的忙，好像有些不妥、自己有些糟糕。」**這份愧疚會促使你不自覺地打破自己的底線，無論如何都想幫助對方。**於是「犧牲自己，成就別人」的戲碼又將重新上演。

當你能夠站在「尊重自己的意願、能力範圍」的立基點上去幫助別人，才不會讓你覺得自己總是犧牲自己、委屈自己。而且**當你提供了協助之後，無論對方滿意與否，都與你有沒有價值無關。**

至於那些硬要你犧牲自己來幫忙他、在你努力幫忙後卻總是抱怨的人，請記得：無論你多麼用心，這種人都不會滿意，也不會真心感謝你。

那麼，你犧牲自己去滿足這種人，又有什麼意義呢？

練習

1關於拒絕別人，你總是擔心會發生什麼事嗎？

2你能說明「有限度的幫忙」嗎？「有限度的幫忙」對彼此的好處是什麼？

3關於拒絕別人的兩個步驟與兩種態度，你還記得是什麼嗎？

二十五、面對像是「冷熱冰」的人，該怎麼辦？

——擺脫邊緣人的總複習

我們在前面討論了許多改善人際互動的態度、技巧，以及有效因應人際衝突的策略。看了這麼多內容，你還記得幾項？學會了幾項呢？

最後這一章，我們要來討論一種讓邊緣人最害怕、最無所適從的情境。這種狀況處理起來有一些複雜，不過如果前面幾章的內容，你都認真閱讀、努力練習，相信接下來的挑戰，應該也難不倒你。

我的故鄉屏東有一道令人難以忘懷的甜點：冷熱冰。

賣冰的老闆會先從滾燙的鍋子裡，撈出口感Q彈的湯圓、芋圓，以及綠豆等食材放進盤子，然後覆蓋滿滿晶瑩剔透的刨冰，接著一圈圈淋上古早味的糖漿與煉乳……哇！那種冰中帶熱、香香甜甜的滋味，讓人無力招架。

可是，當這種忽冷忽熱的情形發生在人際關係時，感覺就不是很好了。

阿邦的遭遇就是很典型的例子。

他是新進員工，開始上班的前幾天，隔壁一位資深同事（簡稱Ａ）對他非常熱情，仔細為他介紹辦公室環境，中午找他一起吃飯，下班前，還分享公司附近的美食店家。有幾個早上阿邦一進公司，桌上就放著熱咖啡，一旁還有糖包與奶精球，旁邊貼著一張便條紙，上頭寫著：「加油！祝你有個美好的一天！」

阿邦開心地向Ａ點點頭，Ａ也回以一個充滿鼓勵的笑容。對比起辦公室裡其他面無表情、態度冷淡的同事們，他覺得自己能夠坐在Ａ的旁邊，真是無比幸福的事情。

但是阿邦的幸福並沒有持續太久（否則他也不會成為這本書的例子）。

幾天後，阿邦在處理報表時，向Ａ請教一些問題，結果Ａ卻大吼：「這種事，你自己可以處理吧？為什麼都要問我？」聲音之大，其他同事也紛紛抬起頭關注。

阿邦嚇了一跳，沒想到Ａ會有這種反應，於是趕緊道歉：「不好意思，我沒有注意到你正在忙。」

「我不忙，但你沒有必要什麼事都來問我。」Ａ冷冷回。

那一天，阿邦很自責，他覺得自己要不是太麻煩別人，不然就是眼力太差，沒有發現A的心情不好。隔天一早，他在上班途中買了一杯熱咖啡，想要向A賠不是。

結果才進辦公室，他的桌上又擺了一杯咖啡，當然，也是A準備的。他們又如往常般相視而笑。可是那一抹微笑，卻讓阿邦隱隱覺得不對勁。

從那一天起，阿邦感受到A開始與他拉遠距離，甚至避免與他互動。他曾經自我反省無數次，卻想不出自己是否傷害了A。他也曾經用各種話題旁敲側擊，但A都只是回以客氣的微笑，敷衍帶過。

短短兩個月，阿邦的心情像是從天堂掉落地獄，因為他的旁邊坐了一個曾經如此友善，卻又莫名變得極度冰冷的同事。相較之下，原本那些他覺得冷淡的同事們，經過兩個月的相處，雖不算熟稔，卻開始能互相打招呼、寒暄幾句，相處起來，反而自在許多。

不只是現實生活，近幾年網路人際互動盛行。透過虛擬世界，我們很容易認識從未謀面的陌生人，也可能和真實生活中不太熱絡的人互相分享訊息、相互按讚。對於人際互動較為敏感的人，有時候會發現對方把你刪除好友、將你封鎖，或者不論你如何傳訊息、留言，對方也都不回覆。

這時候，我們經常會陷入困惑：「是怎麼了？我有做錯什麼嗎？還是我們之間發生了什麼事？」可是面對這種狀況，你往往得不到答案。原因是什麼，等等我會說明。

還記得邊緣人的「生命風格」嗎？

他們慣性自我懷疑：覺得自己不好、覺得自己容易搞砸人際關係、雖然期待人際互動，卻又認為自己一定會被傷害。所以，一旦遭遇阿邦的處境，或者在網路社群上莫名其妙被刪除、被疏遠，如果再加上找不到原因，肯定會讓他們痛苦難耐，並且再次「驗證」腦袋裡堅信不疑的假設：「這世界很不友善，我是不值得別人善待的，所以我要躲遠一點，才不會受傷。」

該怎麼處理這種情境呢？讓我們將前面教過的態度與技巧派上用場吧！

如何回應？心理師這麼說——

或許，責任不全然在你身上

遇到不順心的事情，懂得自我反省與檢討固然是很重要的態度，但你有沒有想過：「或許問題根本就不在你身上」，讓這段關係變質的人並不是你，而是對方，所以無論你怎麼自責、壓抑忍耐，或許都無法讓這段關係重修舊好。

為什麼阿邦很難找到原因？

你想想看，如果A是一個能夠正面溝通，擁有溝通意願的人，即使因為各種原因發了脾氣，至少事後也會與對方澄清，或者討論之後的相處模式。但A什麼都沒有講，只是默默地疏離。就連阿邦正面問他，他也只是用各種理由敷衍帶過。

所以A並沒有打算與阿邦討論這件事情。

A之所以採取迴避與拒絕溝通的姿態，很可能是因為內在的焦慮，或各種難以面對的因素，或許他根本也沒有覺察到自己的情緒與行為，只是習慣用遠離他人的方式來調適自己的負面情緒。這時候你愈是探問，他可能會因為焦慮而逃得更遠。

因為A傾向使用「逃避問題」的模式面對人際互動的焦慮，以至於別人沒有機會理解他發生了什麼事。因為他選擇疏離，所以別人也可能逐漸遠離他。**或許逃避可以讓A感受到短暫的喘息，卻也製造了人際互動的惡性循環。**

在現實生活中，你很難改變A，也沒有權力去改變他。但如果你想學會與A相處的方式，可以運用本書提到的幾個重要態度與技巧來幫助自己。

複習一：重新釐清人際需求（第五章）

對大多數人而言，面對關係變質都不太好受，努力挽回未果，也會很挫折。這時候你能夠做的，就是重新釐清自己的人際需求，並依此與人互動。

對阿邦而言，能夠在職場上交到朋友固然很好，但完成公事才是最重要的任務。他可以與A維持工作上和平的往來，也把一些心力放在那些慢慢熟稔，溝通上更直接，也更合得來的同事身上。

雖然「交朋友」沒有一套固定的程序，但透過合作與摩擦來認識彼此卻是必要的。一開始就急欲展現熱絡的人，不一定能陪伴你長久，一開始就表現冷淡的人，也有可能成為值得你深交的好友。

網路的人際互動更不需要耗費太多力氣去在意。

真正重要的人際關係，在現實生活中多少都會有接觸；至於網路上的人際互動，常常是因為共同興趣、朋友間接認識，或者相關行業才互加好友。有些人只是因為你的外表，你某一則發言與他的政治理念不合，甚至因為你的能力遠勝於他，所以他就封鎖、刪除你，甚至在生活中道你長短。這種情況防不勝防。

認真說起來，他可能一點都不了解你。

這種表面的互動是你要的人際關係嗎？如果不是，請試著鬆口氣，要刪除、要封鎖，或者將他的帳號當作空氣般的存在，任憑你處置。

複習二：無須打臉對方，只須尊重自己（第六章）

有時候，你心有不甘，很想把對方掛在十字架上，拷問他為什麼這樣對待你，為什麼害你每次與他互動時都覺得很難受，這種負面情緒是難免的，但是在心裡想就好，完全沒有行動的必要。

你想想看，要是對方根本就沒有澄清的意願和勇氣，或者對方就是莫名不喜歡你，你想對這種人解釋，到底要解釋什麼？對方很可能否認他的行為，表面上和你客客氣氣地互動，讓你完全沒有與他澄清的著力點。因為他就是不爽你，沒有想和你建立正向的關係。

所以，你說服不了他，也沒有說服他的必要。相較之下，你更需要傾聽自己的感受：清楚知道對方並不尊重你，而你也無須用力挽回這種關係，更無須在這種關係中繼續委屈、矮化自己。

複習三：不夠好，也沒關係（第三章）

假使對方真的說出一些遠離你的理由，例如你的工作能力不好、家世背景不好、外表不好……無論他說出幾種「不好」，那又怎樣？我「好不好」，不是由這些條件來定義，也不是外人可以隨意評價的。

無法跟對方建立友善親近的關係，不代表我不好。我們只是如同廣播電台裡不同的頻道，彼此生存在平行的空間裡，各過各的生活，無須相互干擾。而曾經的相遇，就當作是電台機器故障所造成的誤會吧。

複習四：改變，從自己開始（第七章）

你可能會覺得我很煩，因為這句話我已經碎唸過好幾遍。請容許我嘮叨最後一次：「改變，從自己開始。」

面對這種忽冷忽熱的人際關係，你不需要花力氣去指責對方，要求對方總是保持熱情與友善。但是**你可以開始調整自己，選擇用不同於以往的態度與他互動。**

他對你友善，你就友善以對；他對你冷淡，你也無須拿熱臉去貼冷屁股；如果他封鎖你，那就祝福他過得開心、自在吧。

喔，如果你不想祝福他，那也是沒關係的。

複習五：練習過濾無謂的批評（第二十二章）

對於他人的批評、非善意的肢體語言，我們難免會在意。所以要幫自己打造一張合適的過濾網，真的有需要調整的地方就試著調整，至於那些無謂的、惡意的攻擊，就讓它從網子的縫隙流走吧。

這些無謂的批評與攻擊只會消耗你的能量，而不會讓你過得更好。

我知道你很難過

親愛的，面對A這種忽冷忽熱，甚至突然切斷關係的人際互動，你一定很受傷，也很難過，對嗎？

我很喜歡蔡依林早期的作品〈我知道你很難過〉，裡面有一句歌詞：「我知道你很難過，感情的付出不是真心就會有結果……」

把「感情」換成「人際關係」也是適用的。

世界何其大，有時候即使我們真心對待一個人，用心經營一段關係，結果也未必能夠如我們所期待。遇到這種狀況，你一定很受傷，也很難受。可是我想告訴你：無論如何受傷、如何生氣，都不要學習對方用這種忽冷忽熱、迴避溝通的方式來對待你身邊的其他人。

A這種反覆無常、不穩定的人際互動模式是一種長期養成的慣性，也是他的人際困境，而不是你的問題。不要因為他帶來的受傷經驗而放棄了你原本對人的信任。因為你的真誠、友善、開放，才是建立親密、信任的人際關係最不可或缺的珍貴資產。

生活中，難免會有不順心的時刻，我們也許會在某些人際關係中受傷。可是那不代表我們不值得擁有令自己滿意的人際關係。或許要調整信念、行動，對你並不容易，不過請你相信：透過有效的練習，一定能夠為你的人際關係帶來正向的改變。

練習

1如果是你，還會運用這本書的哪些策略與A相處呢？

2看完這本書，讓你印象最深刻、最有共鳴的是哪一個章節？

3在這本書裡面，哪一個章節你覺得最容易，最可能現在就開始練習呢？

【新書簽講會】

胡展誥（諮商心理師）

《擺脫邊緣人生——25則人際攻略，打造有歸屬感與自我價值的人生》

2019／11／09（六）

主講人：胡展誥（諮商心理師）

主題：擺脫邊緣人生——25則人際攻略，打造有歸屬感與自我價值的人生

時間：晚上7:00-9:00

地點：TABF Bookstore

（臺北市羅斯福路三段62號）

洽詢電話：(02)2749-4988

*免費入場，座位有限

國家圖書館預行編目資料

擺脫邊緣人生：25則人際攻略，打造有歸屬感與自我價值的人生／胡展誥著. ——初版. ——臺北市；寶瓶文化, 2019. 10
面； 公分, ——（Vision；187）
ISBN 978-986-406-171-6（平裝）
1. 人際關係 2. 人際傳播 3. 溝通技巧
177.3 108017174

Vision 187

擺脫邊緣人生——25則人際攻略，打造有歸屬感與自我價值的人生

作者／胡展誥 心理師
副總編輯／張純玲

發行人／張寶琴
社長兼總編輯／朱亞君
資深編輯／丁慧瑋
編輯／林婕伃
美術主編／林慧雯
校對／張純玲・陳佩伶・劉素芬・胡展誥
營銷部主任／林歆婕 業務專員／林裕翔 企劃專員／李祉萱
財務主任／歐素琪
出版者／寶瓶文化事業股份有限公司
地址／台北市110信義區基隆路一段180號8樓
電話／(02) 27494988 傳真／(02) 27495072
郵政劃撥／19446403 寶瓶文化事業股份有限公司
印刷廠／世和印製企業有限公司
總經銷／大和書報圖書股份有限公司 電話／(02) 89902588
地址／新北市五股工業區五工五路2號 傳真／(02) 22997900
E-mail／aquarius@udngroup.com

著作完成日期／二〇一九年八月
初版一刷日期／二〇一九年十月二十四日
初版三刷日期／二〇一九年十一月二十八日
ISBN／978-986-406-171-6
定價／三四〇元

AQUARIUS 寶瓶 文化事業

愛書人卡

感謝您熱心的為我們填寫，
對您的意見，我們會認真的加以參考，
希望寶瓶文化推出的每一本書，都能得到您的肯定與永遠的支持。

系列：Vision 187　**書名：擺脫邊緣人生**——25則人際攻略，打造有歸屬感與自我價值的人生

1. 姓名：＿＿＿＿＿＿＿＿　性別：□男　□女
2. 生日：＿＿年＿＿月＿＿日
3. 教育程度：□大學以上　□大學　□專科　□高中、高職　□高中職以下
4. 職業：＿＿＿＿＿＿＿＿
5. 聯絡地址：＿＿＿＿＿＿＿＿＿＿＿＿＿＿＿＿＿＿＿＿

   聯絡電話：＿＿＿＿＿＿＿＿　手機：＿＿＿＿＿＿＿＿
6. E-mail信箱：＿＿＿＿＿＿＿＿＿＿＿＿＿＿＿＿

   □同意　□不同意　免費獲得寶瓶文化叢書訊息
7. 購買日期：＿＿ 年 ＿＿ 月 ＿＿日
8. 您得知本書的管道：□報紙／雜誌　□電視／電台　□親友介紹　□逛書店　□網路

   □傳單／海報　□廣告　□其他
9. 您在哪裡買到本書：□書店，店名＿＿＿＿＿　□劃撥　□現場活動　□贈書

   □網路購書，網站名稱：＿＿＿＿＿＿　□其他＿＿＿＿＿
10. 對本書的建議：（請填代號　1. 滿意　2. 尚可　3. 再改進，請提供意見）

    內容：＿＿＿＿＿＿＿＿＿＿＿＿

    封面：＿＿＿＿＿＿＿＿＿＿＿＿

    編排：＿＿＿＿＿＿＿＿＿＿＿＿

    其他：＿＿＿＿＿＿＿＿＿＿＿＿

    綜合意見：＿＿＿＿＿＿＿＿＿＿＿＿＿＿＿＿＿＿＿＿＿＿＿＿
11. 希望我們未來出版哪一類的書籍：＿＿＿＿＿＿＿＿＿＿＿＿＿＿＿＿

讓文字與書寫的聲音大鳴大放

寶瓶文化事業股份有限公司

（請沿此虛線剪下）

廣 告 回 函
北區郵政管理局登記
證北台字15345號
免貼郵票

寶瓶文化事業股份有限公司收

110台北市信義區基隆路一段180號8樓

8F,180 KEELUNG RD.,SEC.1,

TAIPEI.(110)TAIWAN R.O.C.

（請沿虛線對折後寄回，或傳真至02-27495072。謝謝）